KARL-HEINZ SCHMITZ **DAS KUNSTMUSEUM**

DAS KUNSTMUSEUM

EINE GESCHICHTE DES ARCHITEKTONISCHEN RAUMES

KARL-HEINZ SCHMITZ

BAUHAUS
UNIVERSITÄTSVERLAG

Besuchen Sie uns im Internet:

www.asw-verlage.de

Satz und Gestaltung: Monika Aichinger, arts + science weimar GmbH
Druck: AALEXX Druck Produktion, Großburgwedel

ISBN 978-3-95773-306-1

Bibliografische Information der Deutschen Nationalbibliothek:
Die Deutsche Nationalbibliothek verzeichnet diese Publikation in der Deutschen Nationalbibliografie; detaillierte bibliografische Daten sind über http://d-nb.de abrufbar.

INHALTSVERZEICHNIS

VORBEMERKUNG UND DANK

Dieses Buch ist aus einer Reihe von Vorlesungen hervorgegangen, die ich mehrere Jahre an der Fakultät Architektur und Urbanistik der Bauhaus-Universität Weimar und an der Technischen Universität Wien gehalten habe. Das ursprüngliche Ziel dieser Vorlesungen war nicht, der Fachliteratur ein weiteres akademisches Buch über Museumsbau hinzuzufügen. Vielmehr war die Absicht, unterstützend auf den Semesterentwurf einzuwirken, wenn es um ein Museumsentwurf ging. Erst allmählich nahmen die Vorlesungen eine historisch ausgerichtete Struktur an. Hatte ich mich anfangs nur mit Museumsbauten des 20. Jahrhunderts befasst, glaubte ich mit der Zeit, mich mit den Museumsbauten des 19. Jahrhunderts beschäftigen zu müssen, um die des 20. Jahrhunderts besser zu verstehen. Dieser Weg bestätigte sich und nach einigen Jahren kam ich dann in der Antike an und das Buch, das Sie in den Händen halten, beginnt sogar mit einer Bemerkung zur Höhlenmalerei.

Eine Kritik, die gelegentlich am Ende eines Semesters vorgebracht wurde, war, dass ich mich zu sehr auf die europäische und amerikanische Kultur konzentriert hatte. Ich muss der Kritik zustimmen, es fiel mir jedoch schwer, die Vorlesungen auf andere Kulturkreise auszuweiten, da ich ständig in Sorge war, den von mir bevorzugten Kulturkreis noch nicht ausreichend behandelt zu haben.

Eine weitere Kritik, die man anbringen könnte, betrifft die Anzahl der Bilder. Ich habe nicht jedes Beispiel und nicht jeden Hinweis auf ein Gebäude mit einem Foto illustriert. Hierzu gibt es zwei Begründungen: Zum einen gefiel mir der Gedanke, die Zeichnungen und besonders die Grundrisse sprechen zu lassen; sie lassen am deutlichsten die Entwicklung der Museumsbauten zum Vorschein kommen, und zum anderen gibt es heute die Möglichkeit Bilder zu fast jedem Gebäude mühelos im Internet zu finden.

Dieses Buch wäre natürlich nicht ohne Hilfe und Anregungen zustande gekommen. Zuallererst möchte ich den Studentinnen und Studenten danken, die viele der hier abgeduckten Zeichnungen in Seminaren angefertigt haben und ich danke meinen ehemaligen Wissenschaftlichen Mitarbeiterinnen und Mitarbeitern, die die Zeichnungen der Studierenden mitbetreut haben. Ein besonderer Dank geht an Julie Nozon und Lilo Nöske, die mehrere Zeichnungen angefertigt und ältere Zeichnungen korrigiert und überarbeitet haben. Mein Dank geht auch an die Fakultät Architektur und Urbanistik der Bauhaus-Universität für die finanzielle und personelle Unterstützung. Für Kritik, Anregungen, und Ermutigungen, die ich in Gesprächen erfahren habe, danke ich Jörg Springer, Bernd Rudolf und Verena von Beckerath von der Bauhaus-Universität Weimar und András Pálffy und Inge Andritz von der TU Wien. Besonders danken möchte ich meinem Kollegen Hans-Rudolf Meier für die sorgfältige Lektüre und weiterführende Kritik an den ersten Kapiteln. Das Lektorat verdanke ich Hans Zimmermann.

EINFÜHRUNG

Warum sollten Sie, liebe Leserinnen und Leser, eine weitere Geschichte des Museums lesen wollen? Es gibt schon eine Reihe Bücher und Aufsätze zu diesem Thema – diese Geschichte kann also nur *eine* Geschichte unter vielen sein. Viele Museen werden Sie schon kennen, der Gegenstand ist nicht neu. Viele interessante Museen bleiben in diesem Text ausgespart – nicht, weil sie eine Erwähnung nicht verdient hätten, sondern, weil das, was ich zu sagen versuche, nicht alles umfassen kann, ohne dabei zentrale Gedankengänge zu überlasten. Es geht um *eine* Interpretation der räumlichen Entwicklung von Museen, die, wie ich hoffe, interessant genug ist. Vollständigkeit ist dabei nicht beabsichtigt, denn, um es mit den Worten Voltaires auszudrücken: *Die Kunst zu langweilen besteht darin, alles zu sagen.*

Aus eben diesem Grund beschränkt sich diese Geschichte auch auf das Kunstmuseum, das von allen Museumsarten die längste Geschichte hat. Historische Museen, Naturkundemuseen und Wissenschaftsmuseen gibt es erst seit dem 19. Jahrhundert, und Automuseen, Designmuseen, Maritime- und Schifffahrt-Museen, um nur wenige neuere Arten zu nennen, existieren erst seit dem späten 20. Jahrhundert.

Diese Museumsgeschichte untersucht die Entwicklung von den Ursprüngen bis zur Gegenwart, „nicht so sehr aus Interesse für die Vergangenheit", wie Isaiah Berlin es formuliert, „sondern um erste Ursachen ausfindig zu machen, um zu verstehen wie und warum die Dinge so und nicht anders entstanden sind."[1] Diese Geschichte wird aus der Sicht eines Architekten erzählt, und es wird vor allem eine Geschichte des architektonischen Raumes sein. Es wird keine geradlinige Geschichte sein können, denn die Baukunst hat ihre eigenen Formen der Entwicklung, und diese ist nicht immer geradlinig und zielbewusst. Es sind hauptsächlich die Umbrüche, die hier besprochen und interpretiert werden. In dieser Geschichte geht es neben der baukünstlerischen Entwicklung auch um die Bestimmung des Museums, weniger um die Funktion. Auf die Frage nach der Bestimmung von öffentlichen Bauten, meine ich, bekommen wir die interessanteren Antworten, da wir einiges über die Beweggründe der Gesellschaft erfahren können, für die diese Museen entworfen und gebaut wurden.

Wo fängt man an? Welche Vorbedingungen lassen sich für die Entstehung von Kunstmuseen ausmachen? Entstand das Bedürfnis nach Präservation und Interpretation von Kunstwerken bereits mit ihren Ursprüngen? Das wohl älteste uns bekannte Zeugnis der Bildenden Kunst sind die ca. 40.000 Jahre alten Höhlenmalereien, die vermutlich nicht nur als Kunstwerke erschaffen wurden. Möglicherweise sollten sie konkrete Alltagserfahrungen festhalten und tradieren, möglicherweise aber sollten sie auch den Jagderfolg beschwören und somit einem kultischen Zweck dienen. In der Höhle von Lascaux haben wir einen Ort vorgefunden, dessen Bestimmung wahrscheinlich die Beschwörung magischer Kräfte war, dessen Darstellungen aber zugleich auch ein äußeres Geschehen dokumentieren und somit Wissen festhalten sollen. Dazu bedienen sich die Darstellungen zweier Methoden: der Malerei und der Frühformen einer Schrift, also der Bildsprache und der Schriftsprache, die hier noch eng beieinander sind. Uwe Jochum hat darauf hingewiesen, dass man diese Höhlenbilder nicht nur auf „ihre abbildhaften Elemente reduzieren" dürfe, sondern man müsse sie „als Notation von Geschichten und Erzählungen"[2] sehen.

Wir finden also nicht allein Abbildungen, sondern auch erste Anzeichen einer Schriftsprache vor. Die Höhle von Lascaux will kein Kunstmuseum und auch keine Bibliothek sein, kein Archiv und keine Schule, aber vielleicht trägt sie doch einen ersten Keim dieser Institutionen bereits in sich. Auch die Grabkammern der Ägypter, die Tempel der Antike und die Kirchen der Christen waren nicht als Kunstmuseen angelegt, denn es gab in diesen Räumen keine ästhetische oder wissenschaftliche Distanz zwischen dem Betrachter und dem religiösen Kunstwerk. Was geschieht jedoch, wenn ein Kirchenraum seinen Zweck als sakraler Ort verliert? Der Isenheimer Altar wird heute im Musée Unterlinden in Colmar ausgestellt, in einer alten Kapelle, die ihre ursprüngliche Funktion verloren und nun die eines Museums angenommen hat. In diesem Fall liegen die Bedeutung und die Bestimmung des Raumes in seinem aktuellen Gebrauch und nicht mehr allein in der ursprünglichen Nutzung. Ähnliches lässt sich von allen Objekten feststellen, die ihre eigentliche Funktion verloren haben, indem sie ihrem ursprünglichen Kontext entnommen wurden. Das Altarbild von Matthias Grünewald in Colmar hat seine ursprüngliche Funktion eingebüßt und dabei eine neue, zunächst nicht offensichtliche Bedeutung erhalten. Uhren oder Lokomotiven gewinnen ihre Bedeutung als Museumsobjekte eben dadurch erst, dass sie ihre ursprüngliche Funktion im Kontext einer neuen Umgebung als Orientierungshilfe oder Transportmittel verlieren. Im Museum finden sie zu einer neuen Bedeutung und einer neuen sinnlichen Aura – sie sagen nun etwas über die Geschichte der Zeitmessung und der Transportmittel aus.[3]

Möglicherweise gibt es Museen, seit das Bild, die Skulptur oder das Ausstellungsstück an einem anderen Ort gezeigt wird als an dem Ort, für den es ursprünglich bestimmt war, denn hier erhält es eine neue kulturelle, historische oder wissenschaftliche Bedeutung, hier fügt es sich in eine neue Ordnung ein. Neben dem Bedürfnis nach Präservation ist der Wunsch nach einem neuen Verständnis der Dinge möglicherweise als ein erster Anstoß und Beweggrund für die Gründung von Museen anzunehmen.

Seit wann gibt es Museumsbauten? Museumsbauten, wie auch ihre engen Verwandten, die Bibliotheksbauten, haben eine lange Geschichte, die uns zurück in eine Zeit führt, die nur lückenhaft dokumentiert ist. Je weiter die Spuren der Geschichte zurückliegen, desto spärlicher und vieldeutiger werden sie. Eines lässt sich jedoch mit Sicherheit feststellen: Museen, Bibliotheken und Archive gehören zu den ältesten Wissensspeichern der Geschichte. Man könnte sie auch als Gedächtnis-Institutionen bezeichnen. Vielleicht gibt es Museumsbauten, seit es überhaupt ein Bewusstsein der eigenen Geschichtlichkeit gibt. Die ersten Städte, so wie die ersten Stadtstaaten und Staaten brauchen nicht nur Kornspeicher, sondern auch Gedächtnis- oder Wissensspeicher. Die ersten Wissensspeicher scheinen Archive gewesen zu sein, in denen Verwaltungsvorgänge und Kaufverträge aufbewahrt wurden. Diese Archive erweiterten und spezialisierten sich schließlich zu Bibliotheken und Museen.

In vordemokratischen Zeiten wurden Sammlungen zu sehr unterschiedlichen Zwecken angelegt: sie waren einfache Verwaltungsarchive, sie konnten Geschichte bewahren, den Anfängen einer Wissenschaft dienen oder Schatzkammern sein. Sie konnten auch als politische Instrumente nützlich sein oder als Bestandteil einer persönlichen oder kollektiven Identität. Sobald man beginnt, in größeren Gemeinschaften zusammenzuleben und ein kollektives Wissen sich herausbildet, müssen die Menschen erkennen, dass sie sich nicht mehr auf ihr persönliches Gedächtnis allein verlassen können. Sie benötigen produktivere und externe Gedächtnisspeicher – so wie wir das heute noch in einem viel extremeren Maße brauchen. Und es scheint so, als würden die meisten Herrscher sehr schnell verstehen, dass man nicht nur die eigene Geschichte pflegen muss, um daraus Macht zu beziehen, sondern sie erkennen, dass man Gedächtnislücken braucht und pflegen muss, um die eigene Unfehlbarkeit oder nationale Überlegenheit zu stilisieren. Der englische Schriftsteller Julian Barnes meint sogar, man müsse die Geschichte fälschen, um eine eigene Identität als Person oder Nation zu haben: auch diese Paradoxie gehört zur Geschichte der Gedächtnisinstitutionen.

Die ersten größeren Archive, Museen und Bibliotheken entstehen in der Obhut von Herrschern, die über Methoden wie über Sammlungsobjekte nach eigenem Gutdünken entscheiden konnten. Ihre Beweggründe allein waren bestimmend für die Ausrichtung der Institutionen, es ist allein ihre Entscheidung, ob das Museum oder die Bibliothek entweder Schatzkammer oder Akademie oder einfaches Archiv sein soll. Genauso wenig, wie die Bild- und Schriftsprache in der Höhle von Lascaux zu unterscheiden sind, so wenig sind Archiv, Bibliothek und Museum im 3. Jahrhundert v. Chr. als Institutionen voneinander geschieden.

1 WISSENSSPEICHER DES ALTEN ORIENTS UND DER ANTIKE

Die wahrscheinlich ältesten Wissensspeicher sind die Bibliothek von Ninive und die Bibliothek von Alexandria, auch Museion genannt. Es lässt sich jedoch mehr über Schriften und deren Autoren sagen als über Kunstsammlungen. Der Begriff Museion bezieht sich eher auf einen Tempelbezirk, der auch Räume für einen Verbund unabhängiger Wissenschaftler, Poeten und Künstler zur Verfügung stellt, als auf Räumlichkeiten zum Zweck von Ausstellungen. Schon anhand dieser beiden Bibliotheken kann man zeigen, dass solche Bauten völlig unterschiedliche Bestimmungen haben können. Wissenschaftler glauben zu wissen, dass König Aššurbanipal die Bibliothek von Ninive ins Leben gerufen hat, um seine Regierungsgeschäfte zu unterstützen, sie war ihm ein Mittel, um besser regieren zu können[4]. Die ptolemäischen Herrscher hingegen finanzierten die Bibliothek von Alexandria, weil sie den Ort zum Zentrum der Wissenschaften und der Künste machen wollten. Die Bibliothek von Alexandria wurde eine Akademie und möglicherweise die erste Universität der Geschichte.[5]

Es lässt sich auch mehr über römische Bibliotheken als über römische Museen spekulieren. Anders als Alexandria ist Rom kein Mittelpunkt der Künste und der Wissenschaften, und, verglichen mit den Griechen, entwickeln die Römer keine autochthone Wissenskultur. Im römischen Reich bleiben die griechischen Akademien im Grunde die wichtigsten kulturellen Zentren. Die Bibliothek des Augustus ist, wie viele andere römische Bibliotheken, eine lateinisch-griechische Doppelbibliothek mit zwei gleichartigen Bibliotheksräumen nebeneinander, einer für griechisch- und einer für lateinischsprachige Bücher. Diese Bauweise bleibt gängige Praxis, und sie belegt, wie unanfechtbar wichtig und einflussreich die griechische Kultur und Wissenschaft für das antike Rom immer bleibt. Einige römische Bibliotheken werden zusammen mit Thermen, Schulen und Vortragssälen gebaut.

Gegen Ende der Antike gibt es also mehrere Arten von Gedächtnisspeichern: Archive, Bibliotheken und Universitäten. Sie sind jedoch noch keine Institutionen, wie wir sie heute kennen, denn sie sind nur zu einem gewissen Grad öffentlich. Neben der funktionalen Ausdifferenzierung zeichnen sich auch Unterschiede in der Bestimmung dieser Institutionen ab. Ein antiker Wissensspeicher kann entweder eine Schatzkammer, eine Akademie, ein politisches Instrument oder eine Mischung aus diesen sein.

2 MITTELALTER – NIEDERGANG DER ÖFFENTLICHEN INSTITUTIONEN

Um 500 n. Chr. verschwinden viele Institutionen, die in den antiken Städten noch Ausdruck einer ausgereiften öffentlichen Stadtkultur und Stadtpolitik waren, und mit ihnen eine Vielzahl von öffentlichen Institutionen wie Bibliotheksbauten, Theaterbauten, Badeanstalten und unabhängige Schulbauten. Auch das Mittelalter kennt keine Funktion, die man zurecht Museum nennen könnte. Das frühe Christentum verändert die Einstellung zur Stadt. Die griechisch-römische Auffassung vom städtischen Zusammenleben ist konstruktiv und zugewandt: antike Städte sind Zentren des Handels, der Politik, der Religion, der Kultur und der Wissenschaft. Vor allem die Griechen und die Römer haben politische Systeme, um die städtischen Institutionen zu fördern; in ihnen nicht zuletzt entwickeln sich die demokratischen und republikanischen Staatsformen. Nur schwer können wir uns heute eine solche Staatsform ohne öffentliche Institutionen vorstellen.

Ganz anders ist das Ansehen der Stadt im glaubensorientierten Mittelalter. Für das frühe Christentum, das frühe Judentum und den frühen Islam gilt die Stadt als Synonym für Gottlosigkeit und Sünde. Die biblische Geschichte der Städte Sodom und Gomorra und die Erzählung vom Turmbau zu Babel, die im Buch Genesis und auch im Koran niedergelegt sind, zeugen von der Vorstellung eines moralisch verwerflichen und gottlosen Lebens in der Stadt. Eine positive christliche Darstellung des Stadtlebens findet sich nur als Utopie im Mythos vom *Neuen Jerusalem*, auch das *Himmlische Jerusalem* genannt. Die Vision entstammt dem neutestamentarischen Buch der Offenbarung Johannes, die am Ende der Apokalypse eine neue Stadt, ein neues Jerusalem verspricht. „Es wird jedoch deutlich, dass die Schöpfung in der Endzeit unter einem christologischen Vorzeichen wieder an die Idealität des Anfangs zurückkehrt; es handelt sich somit um eine ‚restaurative Utopie'".[6]

Den Idealtypus einer solchen *restaurativen Utopie* finden wir im mittelalterlichen Kloster als einem Ort, der einige öffentlichen Funktionen der antiken Stadt regelrecht reproduziert: die Schule, die Bibliothek, das Gästehaus und das Krankenhaus gehören zu den konstituierenden Funktionen der benediktinischen Klöster. Das Museum allerdings sucht man auch hier vergeblich.

Die ersten dieser Klöster werden fernab von den Städten gebaut, sie sind Ausdruck einer Stadtflucht. 391 beendet Kaiser Theodosius die Religionsfreiheit und bestimmt das Christentum zur neuen Staatsreligion. Im selben Jahr ordnet der Patriarch von Alexandria, Theophilos, die Zerstörung des Serapeions an, das eine Zweigstelle der großen Bibliothek von Alexandria enthält. Im Jahr 529, als Justinian die letzte Philosophenschule in Athen schließt, gründet Benedikt von Nursia sein Kloster auf dem Monte Cassino in Italien. Benedikt von Nursia und seinem Zeitgenossen Cassiodorus wird die Gründung der europäischen Klosterschulen zugeschrieben. Für die endgültige Zerstörung der Bibliothek von Alexandria wird der arabische Feldherr ‚Amr ibn al-‚Ās verantwortlich gemacht. Als dieser die Stadt Alexandria im Jahr 642 erobert hatte, soll er seinen Kalifen gefragt haben, ob die Bibliothek verschont bleiben solle. Der Legende nach erhielt er zur Antwort: „Wenn der Inhalt der Bücher sich mit dem Buch Allahs vereinbaren lässt, so können wir auf sie verzichten, da in diesem Fall das Buch Allahs mehr als ausreichend ist. Enthalten sie hingegen Dinge, die vom Buch Allahs abweichen, dann gibt es erst recht keinen Grund sie aufzubewahren. Schreite also zur Tat und vernichte sie."[7]

Es ist nicht sicher, welchen wahren Kern dieser Mythos von der Zerstörung der wichtigsten Bibliothek der Antike enthält. Große Institutionen verlangen nach spektakulären Legenden. Erkennbar ist aber eine kritische bis feindliche Haltung gegenüber dieser öffentlichen Institution, die sich durch das erste christliche wie das erste islamische Zeitalter hindurchzieht. Die Institutionen müssen zerstört oder wenigstens ignoriert werden, damit sich die neuen Religionen von den alten emanzipieren und durchsetzen können. Christliche Bibliotheken und Schulen entstehen erst wieder in den Klöstern des Mittelalters. Christliches Theater findet in Form von Weihespielen auf dem Marktplatz vor und in der Kirche statt. Kunstsammlungen finden in den mittelalterlichen Erscheinungsformen der Kirchenschätze ihren Ort, bei denen man von Sammlungen oder Schatzkammern sprechen könnte, aber nicht von Museen im heutigen Sinne.

3 RENAISSANCE – MUSEEN IN DER ZEIT DES HUMANISMUS

Erst im 13. und 14. Jahrhundert ändert sich auch im Bereich der Kirche das Verhältnis zur Kunst. Ein neues, anthropozentrisch ausgerichtetes Weltbild stellt das Individuum in den Mittelpunkt und ändert damit zugleich auch den Stellenwert der Kunst. Es bricht eine neue Zeit an, deren Maxime lautet: *Der Mensch ist das Maß aller Dinge*. Der Satz stammt von Protagoras, einem Philosophen des 5. vorchristlichen Jahrhunderts. Im 15. Jahrhundert fängt eine neue Großepoche an, die von Historikern *die Neuzeit* genannt wird. Große kulturelle, politische oder religiöse Veränderungen finden ihren Ausdruck auch immer in der Gestaltungsabsicht von Kunst und Architektur. Baustile verraten einiges über das Weltbild ihrer Zeit, so auch die Gotik und die Renaissance. Die mittelalterliche Gotik betont das Transzendentale, ihr Blick ist vornehmlich auf das Überirdische, übergeordnete Ganze gerichtet. In der Architektur einer gotischen Kirche verliert das Teil seine Eigenständigkeit und geht im Ganzen fast vollständig auf. Erwin Panofsky führt dazu aus, die gotische Architektur, analog zum scholastischen Denksystem, fordere eine Gleichförmigkeit der Teile, so dass nicht die Eigenständigkeit des Einzelnen, sondern die Harmonie des Gesamten im Zentrum stehe. In einer gotischen Kirche des 14. Jahrhunderts beherrsche *ein* System das Ganze und seine Teile, „so dass sich selbst die Gewölbe der Apsis, der Seitenkapellen und des Ambulatoriums nicht länger von denen des Langhauses und Querschiffes unterscheiden."[8] Alles folgt so dem Prinzip einer „progressiven Teilbarkeit, oder andersherum betrachtet, der Multiplizierbarkeit bis in die kleinsten Details [...]"[9] Die Gestalt eines jeden baulichen Details bildet immer das Ganze ab und verweist darauf, wie die fragmentierte Wirklichkeit immer nur ein Teil des göttlichen Kosmos bleibt.

Wie klar, selbständig und andersartig hingegen wirken die einzelnen, architektonisch herausgearbeiteten Teile der Pazzi-Kapelle von Brunelleschi, eines der ersten Renaissancebauwerke. Die einzelnen Teile verlieren ihre

1 Aufstellung römischer Skulpturen in der Gartenhalle des Palazzo Medici-Madama in Rom um 1535, Zeichnung, Maarten van Heemskerck

Präsenz nicht im Geflecht des Ganzen, sie treten hervor und man kann ihnen ihre Eigenständigkeit nicht absprechen. Genauso wie die Architektur der Renaissance einzelne Teile betont, so werden jetzt auch Individuen als deren Protagonisten stärker und selbstbewusster sichtbar: mit den Gonzagas, den Montefeltros, den Pazzis und Medicis erwachsen die neuen Kunstsammler aus einem neuen Zeitalter. Im 16. Jahrhundert erscheinen die Vorstufen der öffentlichen Institutionen nicht mehr nur in kirchlichen Bauten, sondern auch in den Stadt- und Landresidenzen der Fürsten. Von diesem Zeitpunkt an tritt auch die christliche Kunst, die Zeugnis von der biblischen Geschichte und von Glaubensinhalten zu geben hat, in den Hintergrund, und Porträtmalerei und Hofmalerei kommen zur Geltung. Kunst versteht sich nun nicht mehr als nur theologisches Bildprogramm, wie Pevsner ausführt:

> „Das Sammeln von Kunst beginnt mit der italienischen Renaissance. Sie weckte das Bewusstsein für Geschichte und zugleich die Begeisterung für Kunst, für die Erzeugnisse des klassischen Altertums ebenso wie für die Werke zeitgenössischer Künstler."[10]

Bezugspunkt ist die Antike, denn die Renaissance „knüpft an das römische Konzept der humanitas an. Folglich spricht man auch von Renaissance-Humanismus. Der Humanismus der Renaissance ist eine breite Bildungsbewegung, die auf antike Vorstellungen zurückgreift. Die Humanisten der Renaissance erhoffen sich eine optimale Entfaltung der menschlichen Fähigkeiten durch die Verbindung von Wissen und Tugend. Der Humanismus ist die Alternative zum Menschenbild des Mittelalters, das stark auf Gott und das Jenseits ausgerichtet war und grenzt sich scharf vom spätmittelalterlichen scholastischen Gelehrtentum ab."[11]

In dieser neuen geistigen Atmosphäre aber erwächst eine neue Schicht von Kunstsammlern. Die ersten Museumsräume der Renaissance entstehen in den fürstlichen Residenzen. Für diese greift man auf Räume zurück, die nicht als Ausstellungsräume eigens für Gemälde oder Skulpturen entworfen wurden. Man hält sich also an überkommene Raumtypen **(Abb. 1)**. Dieses Vorgehen entsteht jedoch keineswegs aus einer Not: seit der Antike setzen sich Bauten aus einer begrenzten Anzahl an Raumtypen zusammen, deren funktionale Widmung selten eindeutig festgelegt ist. Für die Loggia, den zentralen Raum oder die Rotunde, die Halle, das einfache Zimmer und das Atrium können unterschiedliche Funktionen vorgesehen sein.

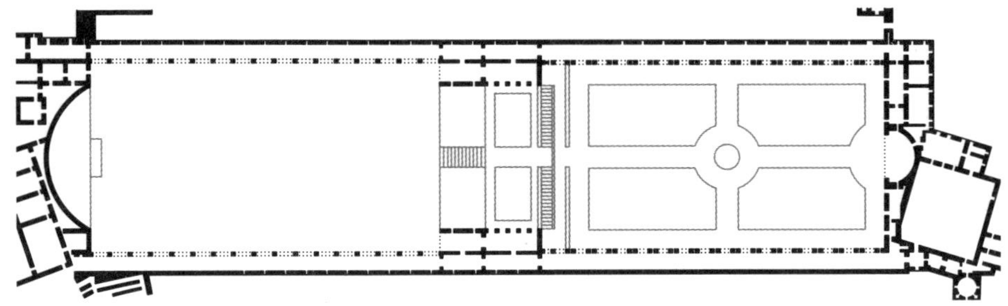

2 Cortile del Belvedere, Vatikan 16. Jahrhundert, Donato Bramante

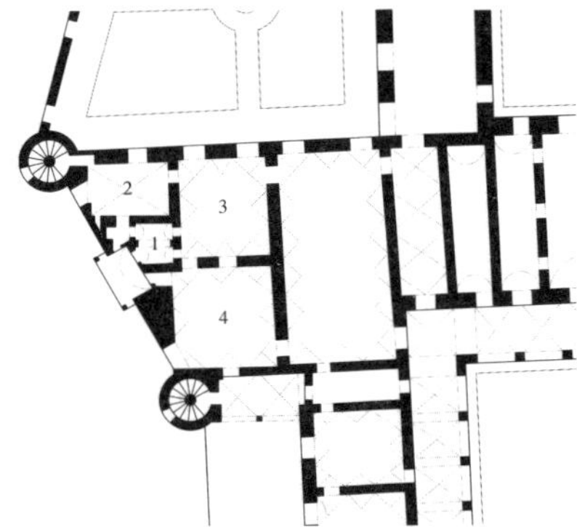

3 Palazzo Ducale der Herzöge von Urbino.

1 Studiolo des Federico da Montefeltro;
2 Ankleidekammer
3 Schlafzimmer des Fürsten
4 Audienzsaal

„Den ersten eigens angelegten Rahmen für die Aufstellung antiker Funde schuf Bramante im Vatikan. Das genaue Datum ist zwar nicht überliefert, aber der Entwurf stammt vermutlich aus dem Jahr 1508. Unmittelbar an den Belvedere-Pavillon von Innozenz VIII. angrenzend war die Ausstellung am äußeren Ende des Belvedere-Hofs immer noch im Freien untergebracht. Die bedeutenden Exponate – unter Ihnen der Apollo di Belvedere und die 1506 entdeckte Laokoongruppe – standen allerdings geschützt in den Nischen eines Kreuzgangs."[12]

1515 schloss Raffael den Bau der Loggien ab, mit denen Bramante unternommen hatte, das Belvedere mit der päpstlichen Residenz zu verbinden **(Abb. 2)**. Hier richtet der Papst seine private Antikensammlung ein.[13]

Für die Kunstsammlungen finden sich jedoch noch andere Formen als die Antikensammlungen, die in den Loggien der Paläste ausgestellt werden. Mit dem Studiolo entwickelt sich ein Raum, der eigens dem Studium der Künste gewidmet ist. Ein frühes Beispiel dafür ist das Studiolo des Herzogs Federico da Montefeltro im Palazzo Ducale in Urbino **(Abb. 3)**. Studiolos wurden oft mit Gelehrtenportraits und illusionistischen Intarsien ausgestattet. Das nordeuropäische Gegenstück zum Studiolo ist das Kabinett. Im Kabinett der Katharina von Medici im Schloss Blois gibt es 237 einzelne Holztafeln, die sich zum Teil über Holzpedale in der Fußleiste öffnen ließen. So entstehen Geheimfächer als Aufbewahrungsort für wertvolle Kunstgegenstände, wichtige Dokumente oder Bücher.

Studiolos und Kabinette sind Orte des Rückzugs. Anders als die Loggien der Renaissance sind sie selten im öffentlichen Bereich des Schlosses, oft findet man sie in der Nähe der fürstlichen Schlafzimmer. Seit dieser Zeit hat das Wort Kabinett mehrere Bedeutungen: das Kabinett ist Ausstellungsraum und Schatzkammer, zugleich aber auch ein Raum, in den sich der Fürst oder der König mit seinen engsten Beratern zurückzog, um Regierungsgeschäfte zu besprechen. Bis heute hat sich in der Begrifflichkeit eines Kunstkabinetts oder Regierungskabinetts die ursprüngliche Funktion erhalten.

Neben den Fürsten, die ihre Studier- und Kunstkammern unterhielten, entwickelt sich im Laufe der Zeit immer mehr der Typus des nichtadligen Sammlers, der sich der Kontemplation zum Studium der Künste und Wissenschaften hingibt. Meist sind dies wohlhabende, wissbegierige und

4 Kunst- und Wunderkammer, Neapel 1599, Ferrante Imperato

bildungshungrige Bürger, die nicht nur Kunst zu sammeln beabsichtigen, sondern sich auch für Objekte aus der Natur interessieren. Sie sind gelehrte Humanisten, die sich in der Durchdringung von Kunst und Natur die Welt neu zu verstehen und neu zu deuten erhoffen. Es kommt mit ihnen die Zeit der Entdeckungsreisen, die die Welt mit neuen, exotischen Dingen konfrontieren und so am hergebrachten Weltbild zu rütteln beginnen. Sensationelle Funde werden in Ausstellungsräumen versammelt, die man Wunderkammern oder Kuriositätenkabinette nennt.

Ein solches Kabinett ist zum Beispiel jenes des Ferrante Imperato **(Abb. 4)**, eines in Neapel ansässigen Apothekers,[14] der uns die erste naturgeschichtliche Ausstellung eines Renaissance-Humanisten hinterlassen hat. Dass gerade Apotheker eine Vorliebe für solche Wunderkammern entwickeln, könnte darin begründet sein, dass sie sich zugleich als Alchimisten wie auch als Naturphilosophen verstanden haben, die glaubten, die Welträtsel experimentell entschlüsseln zu können.

Wunderkammern oder Kuriositätenkabinette haben oft einen rein enzyklopädischen Aufbau unter Verzicht auf jede genaue thematische Bestimmung; ihre Ausstellungen zeichnen sich eben hierdurch als spezifisch und einmalig aus. Der Dialog zwischen Naturwissenschaft und Kunst ist jedoch alles andere als einfach. Wissenschaftliche Prozesse lassen sich vornehmlich mit bewusst angewandter Systematik und Methodik darstellen, während Kunst Spontaneität, Impulsivität und freie Assoziation verlangt. Deshalb erfordert das Ausstellen von Objekten der Natur eine andere Ordnung und Logik als das Zeigen von Kunstwerken. Im Versuch, diese beiden Gegensätze zu vereinen, kommen die Ausstellungskonzepte der Wunderkammern bald an ihre Grenzen, so dass sie historisch nur einen marginalen Rang in der Geschichte des Museums beanspruchen können. Sie werden von den nach Sparten getrennten Museen abgelöst, doch beschäftigt das Prinzip der ausdrücklichen Nicht-Spezialisierung die Kunsthistoriker bis heute. Die Gründungsintendanten des Humboldt Forums haben dieses Konzept wieder aufgegriffen.[15]

Kehren wir zurück zu einem Raumtypus, der zu Beginn der Renaissance am häufigsten auftritt: die längliche Loggia oder die Galerie. Neben der Loggia der Villa Madama nennt Nikolaus Pevsner einige weitere Beispiele: eine Galerie im Palazzo del Tè in Mantua, die Villa Medici in Rom, die eine Galerie um 1580 erhielt, eine 91 Meter lange Galerie in Sabbionetta von Scamozzi aus dem Jahr 1583. Sie alle dienten, wie Pevsner ausführt,[16] der jeweiligen Skulpturensammlung.

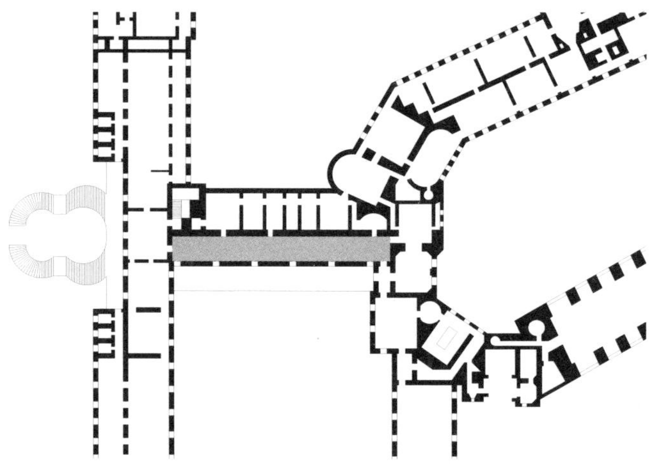

5 Galerie des Franz I., Schloss Fontainebleau 1528

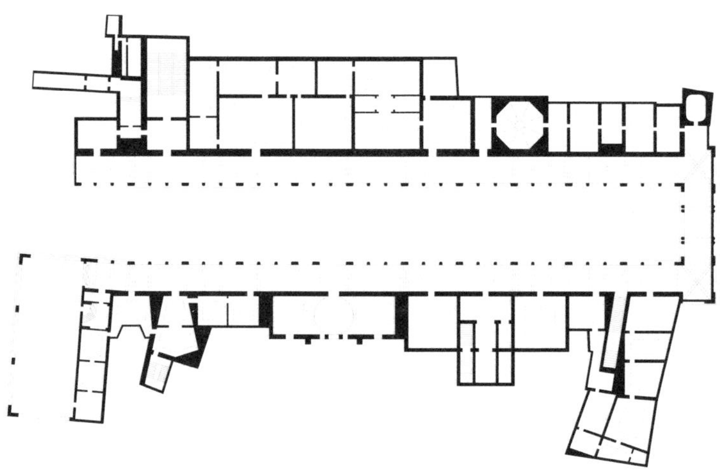

6 Galerie der Uffizien, Florenz 1560–1581, Giorgio Vasari, Bernardo Buontalenti, Alfonso Parigi

Dieser Raumtypus eignet sich natürlich auch als Ausstellungsraum für Gemälde. Ein sehr frühes Beispiel einer solchen Galerie finden wir in Fontainebleau in der Nähe von Paris

(Abb. 5): es ist die Galerie des Königs Franz I. von Frankreich. Auf dem Grundriss ist nichts weiter zu erkennen als ein Flur zwischen zwei Schlossflügeln. Was ein gewöhnlicher Flur sein könnte, erscheint in der Ausführung jedoch ganz anders. Die Architektur, der Wandschmuck des Raumes und die Gemälde sind hier zu einem Gesamtkunstwerk gefügt, wie um jedes rasche Durchschreiten zu verhindern und den Raumtypus eines Flures zu konterkarieren. Der Flur und die Galerie unterscheiden sich also im Grundriss nicht voneinander, doch sehr wohl im Charakter des Raumes.

Das erste Museum, das mehrere Raumtypen in einem Gebäude vereint, ist das Museum für die Ausstellung der Medici in den umgebauten Uffizien in Florenz **(Abb. 6)**. Giorgio Vasari hatte die Uffizien für die Medici ursprünglich entworfen, und im Jahr 1581 baut der Architekt Bernardo Buontalenti die oberen Stockwerke zu einem Museum um. Der Grundriss zeigt alle Raumtypen, die für den Museumsbau der nächsten 400 Jahre wichtig sein werden: die Loggia, eine Rotunde und einfache rechteckige Zimmer, einmal in der Größe eines Saals und einmal in der Größe eines Kabinetts. Auch die Treppe wird als Ausstellungsort genutzt, und auch Anzeichen einer Enfilade sind schon zu erkennen. Wie bereits erwähnt, werden in der Zeit der Renaissance keine neuen Raumformen für die neue Nutzung entwickelt, sondern man übernimmt vorhandene Raumtypen und passt sie den unterschiedlichen Funktionen und Bedürfnissen an. Hat man sich einmal für einen passenden Raumtypus entschieden, so kann man sich dem besonderen Raumcharakter widmen, der die jeweilige Funktion zum Ausdruck bringen soll. Der besondere Raumcharakter der Galerie Franz I. und die Ausstellungsräume der Uffizien bezeugen, dass das Museum ab der Renaissance zu den eigenständigen Nutzungen des Hofes gehören.

Obwohl wir im Grundriss der Uffizien bereits die wichtigsten Raumtypen sehen, die in den nächsten 400 Jahren zum festen Bestandteil der Museumsgrundrisse gehören werden, so fehlt doch noch ein verbindliches Raumprinzip, aus dem sich eine schlüssige und ganzheitliche Raumkomposition des Museumsbaus ergibt. Die Einzelheiten des Grundrisses wirken noch additiv, also wie eine bloße Ansammlung von diversen Raumtypen.

7 Schloss Versailles, 1668, Gemälde, Pierre Patel

4 BAROCK – MUSEEN IN DER EPOCHE DES ABSOLUTISMUS

Die Voraussetzungen, die dem Architekten erlauben, jeden Raum in ein übergeordnetes System oder Prinzip einzubinden, finden sich erst im Barock. Und da die ersten Ausstellungsräume mit den Schlössern und Palästen der Renaissance und des Barock entwickelt werden, müssen wir uns hier mit den räumlichen Eigenschaften dieser Bautypen auseinandersetzen. Besonders ergiebig ist dabei die Betrachtung eines räumlichen Verhältnisses zwischen dem Gebäude und der Landschaft, also das Verhältnis des Bauwerks zur unmittelbaren Umgebung. Der Schlossbau des Mittelalters und der frühen Renaissance ist ein wehrhaftes Gebäude, das sich von seiner Umgebung abschottet und, zum Zwecke der effektiveren Verteidigung, die Anhöhe bevorzugt. Darüber hinaus arrangiert sich der Schlossbau des Mittelalters und der frühen Renaissance mit seiner Umgebung, mit der Topographie, mit der Form der Küste oder auch mit der Bebauung der mittelalterlichen Stadt. So entsteht fast immer eine malerische Anpassung an die Umgebung.

Ab dem 17. Jahrhundert erhält die räumliche Ordnung der Residenzen eine völlig neue Orientierung: In ihrer klarsten Ausformulierung, entstehen Schlösser ab diesem Zeitpunkt auf flachen Ebenen vor den Toren der Stadt **(Abb. 7)**. Im Vordergrund steht nun nicht mehr die strategische Eignung des Ortes – Befestigungen verlieren immer mehr an Bedeutung –, sondern wesentlich für die Standortauswahl wird die flache und freie Ebene, auf der eine ungehinderte Ausdehnung möglich ist. Das barocke Schloss unterscheidet sich schon dadurch von seinem Vorgänger, dass es sich einen vollkommen anderen landschaftlichen Raum sucht als das mittelalterliche Schloss. Michel Foucault führt aus, der *mittelalterliche Ortungsraum* habe sich

> „[...] mit Galilei geöffnet; denn der wahre Skandal von Galileis Werk ist nicht so sehr die Entdeckung, die Wiederentdeckung, dass sich die Erde um die Sonne dreht, sondern die Konstituie-

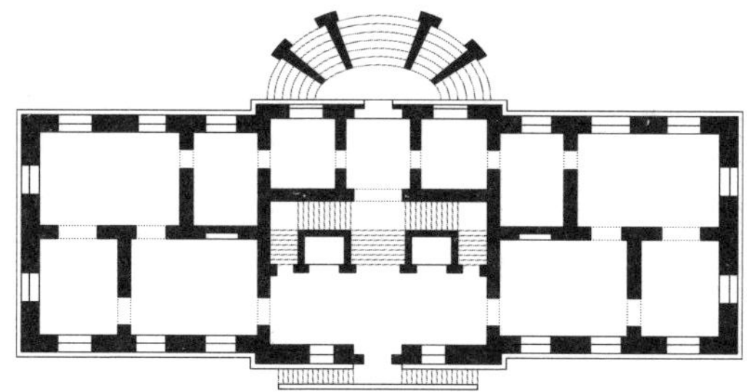

8 Entwurf für ein Museum, 1704, Christoph Sturm

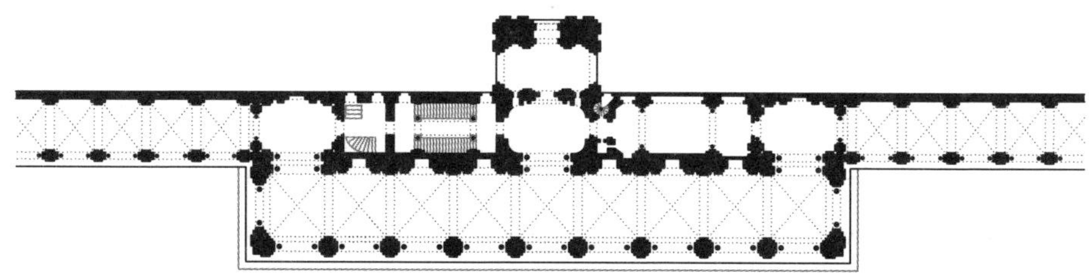

9 Villa Albani, Rom 1771, Carlo Marchionni

rung eines unendlichen und unendlich offenen Raumes; dergestalt, dass sich die Ortschaft des Mittelalters gewissermaßen aufgelöst fand: der Ort einer Sache war nur mehr ein Punkt in ihrer Bewegung, so wie die Ruhe einer Sache nur mehr ihre unendlich verlangsamte Bewegung war. Anders gesagt: Seit Galilei, seit dem 17. Jahrhundert, setzt sich die Ausdehnung an die Stelle der Ortung."[17]

Während man das mittelalterliche Schloss als malerische Anpassung an seine Umgebung verstehen kann, so wird man das barocke Schloss als die Erzwingung eines Prinzips begreifen, das immer dort zu Verformungen führen muss, wo eine bestehende Ordnung – zum Beispiel die einer mittelalterlichen Stadt – der Planung Kompromisse aufzwingt. Wo sich das neue Prinzip jedoch frei entfalten kann, zeigt es eine klare Struktur mit Ehrenhof, Schloss, Terrasse und Garten, die auf einer unendlich sich ausdehnenden Achse liegen. Eine zweite Achse, rechtwinklig zur ersten, folgt einer Zimmerflucht, die wiederum eine unendliche Ausdehnung vortäuscht. Dieses Prinzip der Auffädelung von Räumen entlang einer Achse beherrscht letztendlich das Raumgefüge der Residenzen, in denen die ersten Museumsräume der Neuzeit entstehen. Die Museumsräume der Uffizien sind noch nicht nach einer übergeordneten Idee arrangiert: hier lässt sich noch keine klare Komposition nachvollziehen, kein räumliches Prinzip, das ein schlüssiges Ganzes entstehen ließe. Dieses entwickelt sich erst im Barock aus dem Schlossbau und wird direkt auf den Museumsbau übertragen, wie der Museumsgrundriss von Christoph Sturm **(Abb. 8)** und der Grundriss der Villa Albani von Carlo Marchionni **(Abb. 9)** deutlich erkennen lassen.

Der Grundriss der Uffizien erscheint fortgeschrittener, was die Raumtypen angeht; doch zeigt der Entwurf von Christoph Sturm einen Grundriss, der jedem Zimmer einen Platz in einer für die Zeit verbindlichen Raumordnung zuweist – einer Ordnung, die nicht nur für dieses Gebäude, sondern für alle repräsentativen Gebäude der Zeit Geltung beanspruchen kann.

Noch deutlicher zeigt Carlo Marchionnis Villa Albani ein übergeordnetes System, dem alle Räume und alle Teile unterworfen sind. Christoph Sturms Entwurf wird nicht gebaut, es ist jedoch der erste bekannte Versuch, ein eigenständiges und freistehendes Museumsgebäude zu entwerfen. Die Villa Albani wird errichtet, und sie dient vornehmlich der Aufstellung der umfangreichen und sich in ständigem Wandel befindlichen Antiken- und Gemäldesammlung des Kardinals Allessandro Albani. Der deutsche Gelehrte Johann Joachim Winckelmann wird mit der wissenschaftlichen Aufarbeitung und Konzeption der Sammlung beauftragt. Nikolaus Pevsner schreibt dazu:

> „Die Aufstellung der Statuen, Büsten und anderen Fundstücke folgte in der Villa Albani nicht mehr dem barocken Prinzip des dekorativen Arrangements; hier diktierte die Ikonographie die Anordnung: Kaiser wurden in der zentralen Halle des Erdgeschosses, Götter in der Galerie darüber untergebracht, ein Raum versammelte die Büsten von Kriegshelden, der nächste die Büsten von Dichtern. [...] Später folgte man in der Regel der Chronologie der Stile."[18]

Die typische Bilderhängung des Barock heißt Salonhängung; sie ist eine besonders enge Reihung von Gemälden, die oft bis an die Decke reicht, und es lässt sich vermuten, dass sie den Besucher möglichst tief beeindrucken sollte. Als eine der letzten großen Europäischen Sammlungen, die in einem Palast ausgestellt wurde und dem Konzept der Salonhängung folgte, kennen wir die Sammlung von Katharina der Großen von Russland. Im Jahr 1764 kauft sie 225 Gemälde von einem Berliner Kunsthändler, der diese ursprünglich für den preußischen König Friedrich II. erworben hatte. Wegen der leeren Staatskassen nach dem Siebenjährigen Krieg hatte dieser jedoch auf den Ankauf verzichten müssen.

Katharina die Große erwirbt also in kürzester Zeit so viele Kunstwerke, dass eine andere als die Salonhängung gar nicht in Frage kommt – seitdem hat sich für diese Hängung auch der Begriff der *Petersburger Hängung* geprägt. Es ist gängige Meinung, dass „die Salonhängung und die Petersburger Hängung darauf abzielt, den Betrachter durch die schiere Menge der versammelten Kunstwerke zu beeindrucken. Objekt der Bewunderung ist letztlich nicht das einzelne Bild, sondern derjenige, der über die Mittel verfügt, eine große Kunstsammlung zusammenstellen zu können."[19] Das würde nun bedeuten, dass in St. Petersburg pure Angeberei zu sehen ist, doch ist nicht zu verleugnen, dass die Humanisten oder die Aufklärer sich durchaus für diese opulente Hängung begeistern konnten. Seit es das moderne Kunstmuseum des 19. Jahrhunderts gibt, stehen sich die Freunde des Einzelbildes, die Puristen, und die Anhänger des spannungsreichen Nebeneinanders unversöhnlich gegenüber. Das können zwei Ausstellungskonzepte sein, die im Prinzip dasselbe aufklärerische Ziel verfolgen. Es spricht jedoch mehr dafür, das kaiserliche Museum in St. Petersburg als ein Schatzhaus zu verstehen und nicht als Akademie. Die Eremitage in St. Petersburg wird erst 1852 der Öffentlichkeit zugänglich gemacht, also 60 Jahre nach dem Louvre in Paris und erst 1917, nach der Oktoberrevolution, werden sämtliche Bauten der Eremitage und der benachbarte Winterpalast zu staatlichen Museen erklärt: also 120 Jahre, nachdem dieser Schritt für den Louvre vollzogen worden war. In fast allen Museen des Barock ist der Öffentlichkeit jeder Zutritt verwehrt, was auch für jene gilt, die ursprünglich nicht als Teil einer königlichen, fürstlichen oder päpstlichen Residenz erbaut sind. Erst im 19. Jahrhundert erfolgt die Gründung der ersten staatlichen Museen.

5 KLASSIZISMUS – MUSEEN IN DER EPOCHE DER AUFKLÄRUNG

Gegen Ende des 18. Jahrhunderts beginnt in Frankreich mit der Ausrufung der Republik ein für ganz Europa neues politisches und geistesgeschichtliches Zeitalter, das auch in der Konzeption von Museen deutliche Spuren hinterlässt. Strenggenommen ist die Museumsgeschichte von der Renaissance bis zum 19. Jahrhundert zugleich eine Geschichte der Emanzipation vom Schloss. Hatten Reformation und Aufklärung dazu beigetragen, Kunst- wie auch Büchersammlungen einer breiten Öffentlichkeit zugänglich zu machen, so vollzieht sich gegen Ende des 18. Jahrhunderts mit der Französischen Revolution endlich jener emanzipatorische Schritt, den die Protagonisten der Aufklärung seit einem halben Jahrhundert verlangt hatten: Kunst- und Büchersammlungen werden ganz aus der Obhut der Könige, Fürsten und Bischöfe gelöst. Von nun an müssen Kuratoren und Bibliothekare nicht mehr nur im alleinigen Interesse ihres Prinzipals handeln, ihre Auftraggeber sind nunmehr Stadtbürger, die selbstbewusst ihre Rechte auf Öffentlichkeit einfordern.

Gegen Ende des 18. Jahrhunderts also wächst das Bedürfnis nach selbstständigen, öffentlichen Museumsbauten, die sich nicht mehr am Schlossbau orientieren. Auf einzelne Raumtypen hat diese Entwicklung keinen großen Einfluss, es ändert sich jedoch das Raumprogramm, die übergeordnete Raumstruktur, und die Beziehung zum Stadtraum. Das Museum der neuen Republik soll nicht nur ein selbständiges öffentliches Gebäude sein, es muss ein neues inhaltliches Konzept entwickelt werden, denn viele Kunstwerke sind ab jetzt nationaler Besitz. Es gilt Auswahlprinzipien und angemessene neue Prinzipien der Präsentation zu finden, und man muss nicht zuletzt didaktische Ansätze erproben, um den Bürgern das Gezeigte auch angemessen nahezubringen.

Zur städtebaulichen Einfügung gibt es vorerst nur die Vorstellung, das Museum der Einflusssphäre des Schlosses zu entziehen – was man in Paris mit verhältnismäßig geringem Aufwand verwirklichen kann. Zum größten

Teil war der Louvre bereits zu einem Museum geworden, nachdem Ludwig XIV. die Regierungsgeschäfte nach Versailles verlegt hatte. 1793 wurde der ehemalige Palast dann per Dekret vollends zum öffentlichen Museum bestimmt, und so verschwand das königliche Schloss wie im Handstreich – zumindest symbolisch.

Einer der ersten Museumsentwürfe der neuen Zeit stammt von Étienne-Louis Boullée **(Abb. 10)**. Sein Entwurf für ein Museum, wie alle seine Entwürfe für öffentliche Gebäude, sind Ausdruck einer monumentalen Präsenz und weniger einer sinnvollen Art, das Museum räumlich zu organisieren. Doch einen Aspekt der Aufklärung bringen seine Entwürfe sehr deutlich zum Ausdruck, nämlich den Anspruch einer unbedingten Zugänglichkeit der Ausstellungen für ein möglichst breites Publikum. In fast obsessiver Weise betonen Boullées Entwürfe diese Idee: sein Museum zeigt Eingänge auf allen vier Seiten. Ebenso wie das barocke Schloss ist auch Boullées Entwurf auf Achsen aufgebaut, doch beziehen sich diese Achsen nicht mehr auf einen unendlich fernen Fluchtpunkt, der das Gebäude und damit die gesamte Stadt zu dominieren versucht. Boullée legt Achsen an, die das Gebäude nach allen Seiten zum Stadtraum hin öffnen. Priorität hat somit der öffentliche Charakter des Gebäudes. Seine Entwürfe für die neuen Institutionen werden freilich häufig ohne einen städtischen Kontext gezeigt; eine ähnlich klare Vorstellung für eine neue republikanische Stadt scheint er demnach nicht gehabt zu haben.

Auch Boullées Schüler, Nicolas Durand, entwirft ein ideales Museum **(Abb. 11)**, ohne eine endgültige Vorstellung davon zu haben, in welchem städtischen Kontext das neue öffentliche Gebäude zu finden sein könnte. Exemplarisch nimmt Durand sich jeden Typus öffentlicher Gebäude vor, er zeichnet die ideale Bibliothek, das ideale Museum, das ideale Theater, das ideale Krankenhaus, die ideale Schule, das ideale Gerichtsgebäude. An seinem Entwurf für ein Museum sowie an seinem Entwurf für eine Bibliothek fallen zwei Eigenschaften auf, die bereits bei Boullée zu finden waren: beide Entwürfe betonen ihre Öffentlichkeit und leichte Zugänglichkeit – entsprechend sieht auch dieser Grundriss Zugänge von allen Seiten vor. Damit reagieren diese Entwürfe auf eine neue Ära und neue politische Zustände, die mit dem Citoyen einen neuen Typus des selbstbewussten Bürgers hervorgebracht haben. Die Aussagen dieser Entwürfe sind Ausdruck einer gesellschaftlichen Ordnung, die ohne die Monarchie auszukommen beschlossen hat.

10 Entwurf für ein Museum, 1783, Étienne-Louis Boullée

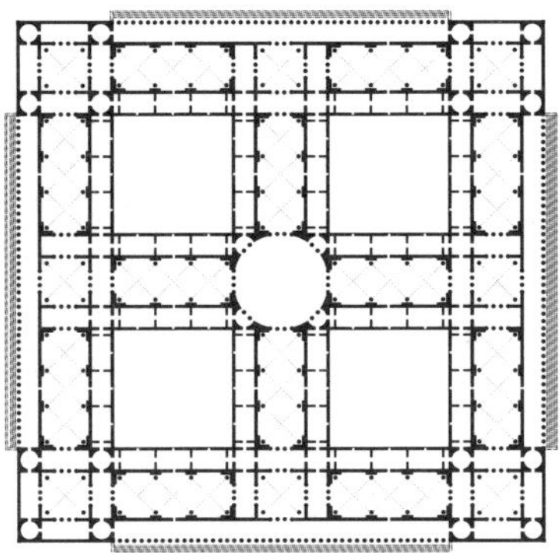

11 Entwurf für ein Museum, 1802, Jean-Nicolas-Louis Durand

Diese Entwicklung verläuft jedoch nicht ungebremst. Nach dem Wiener Kongress von 1815, der eine Phase der Restauration einleitet, wird auch Frankreich wieder Monarchie, wenn auch nun eine konstitutionell verfasste. Das heißt aber: die öffentlichen Bauten der Europäischen Städte sind wieder im Bannkreis des Königs und der Fürsten, wenn auch nicht ausschließlich. Die Ideale der Aufklärung und der französischen Revolution müssen sich mit der Monarchie arrangieren, doch sind die neu errungenen Freiheiten auch nicht mehr zu revidieren. Aus einer solchen innenpolitischen Situation entwickelt sich ein liberales Groß- und Bildungsbürgertum, das im 19. Jahrhundert schließlich einen entscheidenden Einfluss auf die Gestaltung der Stadt und seine neuen Institutionen nehmen kann.

Zu den wichtigsten Museumsbauten des frühen 19. Jahrhunderts gehört zweifellos das Alte Museum in Berlin von Karl Friedrich Schinkel **(Abb. 12 bis 16)**. Schinkel hatte sich schon seit langem intensiv mit früheren Museumsbauten und mit den Entwürfen seiner Zeitgenossen befasst. Er kannte das Museum Friedericianum in Kassel, das Museo Pio-Clementino in Rom und er war mit den Architekten Charles Percier und Pierre-François-Léonard Fontaine vertraut, deren Pläne für Umbauten im Louvre umgesetzt wurden.[20] Schinkel muss auch die Entwürfe von Étienne-Louis Boullée und Jean-Nicolas Durand gekannt haben, da sein Museum für Berlin die großzügige Eingangsgeste wiederholt, welche die Entwürfe dieser beiden Architekten immer wieder ausgezeichnet hat. Schinkels Eingangsfassade zeigt sogar eine verblüffende Ähnlichkeit mit Boullées Entwurf einer Eingangsfassade für die königliche Bibliothek aus dem Jahr 1785.

Besonders die Museumsentwürfe dieser drei Architekten können verdeutlichen, dass sich eine entscheidende Änderung vollzogen hatte, was die öffentliche Zugänglichkeit von Museen betrifft. Neu sind nicht nur Form und Ausdrucksweise, sondern die Kombination und Verwendung altbekannter Raumtypen. Entworfen wird immer noch mit jenen Raumtypen, die es seit der Antike gibt und wie sie im Museumsbau seit der Renaissance zur Ausführung kommen. Mit dem späten 18. Jahrhundert verliert die Loggia jedoch ihren Charakter als Ausstellungsraum – sie wird jetzt als Eingangsgeste eingesetzt.

So gerät auch Schinkels Entwurf zu einer glücklichen Verschmelzung von alten Eigenschaften, die an Gültigkeit nichts verloren haben, und neuen Elementen, die dem zeitgenössischen gesellschaftlichen Wandel Rechnung tragen. Es kommt keine neue Form und kein neuer Raumtypus hinzu,

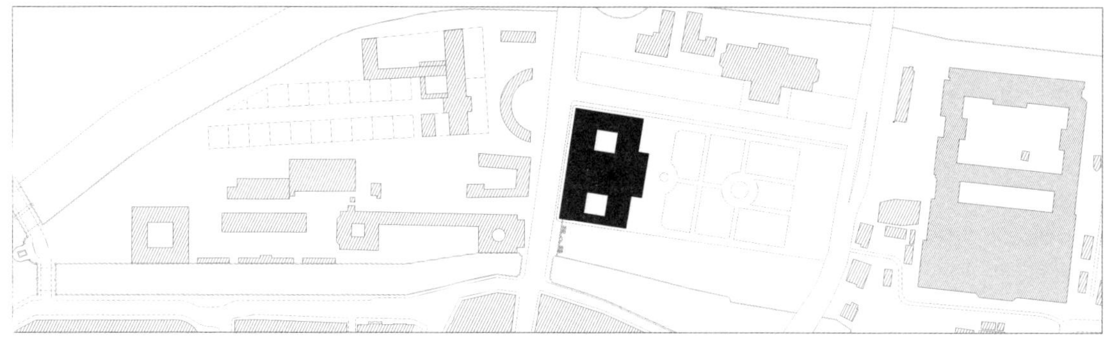

12 Altes Museum, Berlin 1823, Karl Friedrich Schinkel

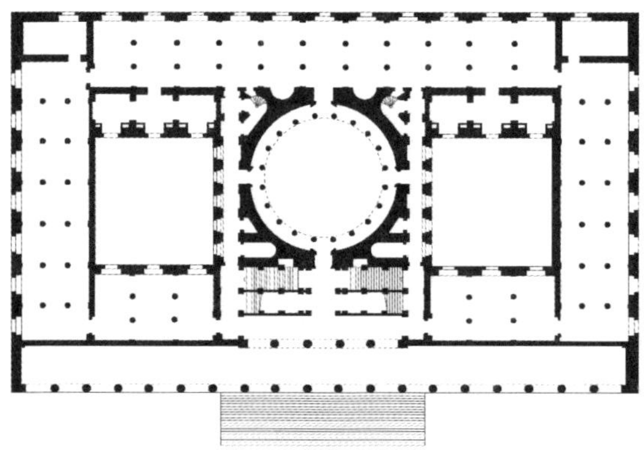

13 Altes Museum, Berlin 1823, Karl Friedrich Schinkel

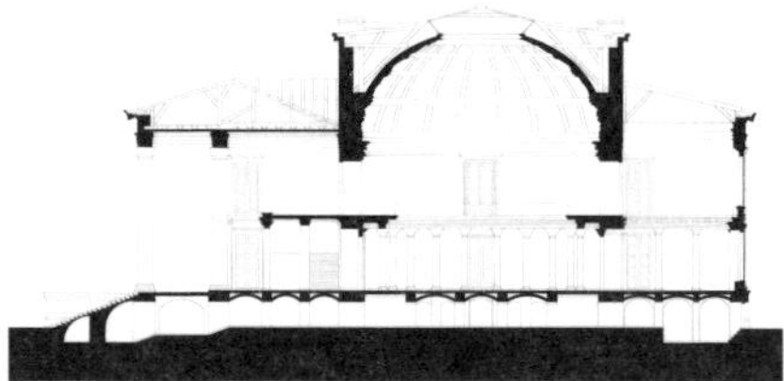

14 Altes Museum, Berlin 1823, Karl Friedrich Schinkel

um die neue gesellschaftliche Bestimmung des Museums zum Ausdruck zu bringen, sondern man verändert lediglich die Position und den Gebrauch der Loggia. Das ist eines der Anzeichen dafür, dass das Museum jetzt zu einem öffentlichen Gebäude geworden ist. Zudem benötigt das öffentliche Museum ab jetzt zusätzliche Funktionen: eine Verwaltung, die in der Lage ist, wissenschaftliche Aufgaben zu erfüllen, und ein Depot, das alles andere als ein totes Lager sein soll. Es ist vielmehr als Teil einer Restaurierungs-Werkstatt und auch als Ort des Studiums geplant. Zu den Depots haben nicht nur Kuratoren und Bedienstete Zugang, sondern auch ausgewiesene Kenner und Gelehrte.[21] Auch dieser Umstand trägt dazu bei, dass das Museum von nun an kein Schatzhaus mehr ist, sondern eine Bildungsinstitution, wenn nicht sogar eine Art von Akademie.

Zwei Umstände lassen zweifeln, ob Schinkels Museum schon mit einem vollkommen funktionierenden Depot ausgestattet war. Zum einen zeigt der Schnitt ein sehr niedriges Kellergeschoss, das wie ein Lagerraum, aber nicht wie ein Arbeitsraum aussieht. Zum anderen kommen nicht alle königlichen Sammlungen in Schinkels Museum, sondern sie werden auf drei Orte verteilt: auf das Museum, auf die neu gegründete Universität sowie auf die Bauakademie.[22] Obwohl die starke Axialität des Gebäudes noch Anklänge an den barocken Schlossbau erkennen lässt, gibt es einen bezeichnenden Unterschied: die Haupttreppe der barocken Schlösser öffnete sich in der Regel nicht so stark zum Außenraum wie hier. Schinkel hat dafür eine sehr einfache Begründung:

> „Die Fronte gegen den Lustgarten hin hat eine so ausgezeichnete Lage, man könnte sagen die schönste in Berlin, dass dafür auch etwas ganz besonderes getan werden müsste. Eine einfache Säulenhalle in einem großartigen Stil und mit dem bedeutenden Platze im Verhältnis stehend wird dem Gebäude am sichersten Charakter und schöne Wirkung geben." [23]

Peter-Klaus Schuster, ehemaliger Museumsdirektor der Museumsinsel in Berlin, hat eine andere Erklärung: Wenn der neue selbstbewusste Bildungsbürger das obere Geschoss erreicht habe, so könne er, bevor er die Ausstellungsräume betritt, zum Schloss des Königs hinüberschauen **(Abb. 15)**. Der Besucher befinde sich damit sozusagen auf Augenhöhe mit dem König, in einem Gebäude, das also die Ideale der Aufklärung in jeglicher Hinsicht verkörpert. [24]

15 Blick aus dem Treppenhaus des Alten Museums auf den Lustgarten und das Schloss, 1843, Gemälde, Michael Carl Gregorovius

16 Zeughaus, Museum, Dom, Schloss und Schlossbrücke, Berlin 1823, Zeichnung Karl Friedrich Schinkel

In diesem Zusammenhang ist eine von Schinkel gezeichnete Perspektive aufschlussreich, die das Museum aus dem Blickwinkel der Prachtstraße Unter den Linden zeigt **(Abb. 16)**. Man blickt auf das Museum, das Schloss und den Dom, und links im Bild sieht man noch eine Ecke des Zeughauses. Auch hier liefert Peter-Klaus Schuster eine überzeugende Interpretation: Das Museum gehöre dem Beginn einer vierten gesellschaftlichen Säule im Preußischen Staat an, und zwar der eines sich neu konstituierenden Bildungsbürgertums. Um den Lustgarten seien also die Bauten versammelt, die Ausdruck der vier wichtigen Instanzen des Preußischen Staates sind: das Schloss, der Dom, das Zeughaus und das Museum. In diesen Bauten repräsentieren sich der König, die Kirche, das Militär und das Bildungsbürgertum.[25]

Während Schuster die vier Bauten am Lustgarten so als die neuen Säulen des Preußischen Staates beschreibt, sieht Horst Bredekamp in dieser Konstellation eine anders gewichtete Staatsstruktur gespiegelt. Für ihn sind deren Säulen das Museum, die Universität und die Bauakademie – eine Trias, die wiederum den Umbau Preußens von einem Militärstaat in einen Bildungsstaat markiert. Die Antikensammlung kommt in Schinkels Museum, die Exponate des Kunstgewerbes bilden Vorbilder für den Unterricht in der Bauakademie, und große Sammlungsbereiche der Kunstkammer gehören ab jetzt zur Universität. Laut Bredekamp verdankt die heutige Humboldt-Universität ihre Existenz diesen Sammlungen.[26]

Genau wie Schinkels Museum in Berlin werden auch andere Museen noch bis ins späte 19. Jahrhundert in der Nähe von Schlössern gebaut, zum Beispiel die Gemäldesammlung von Gottfried Semper in Dresden (1848–54), das Kunsthistorische Museum und das Naturkundemuseum von Gottfried Semper und Karl Freiherr von Hasenauer in Wien (1872–1891).

Die Nähe zum Schloss scheint im späten 19. Jahrhundert einen anderen Einfluss auf die Disposition und Ausgestaltung des Eingangs zu haben als zu Beginn des 19. Jahrhunderts. Wirkt Schinkels Museum noch konfrontativ und als Selbstbehauptung eines neuen selbstbewussten Bildungsbürgers, so ändert sich das bald – zumindest in Dresden und in Wien, wo die neuen freistehenden Museen neben ihrer eigentlichen Funktion auch als Räume der Begegnung zwischen Adel und Bürgertum dienen konnten. Ab Mitte des 19. Jahrhunderts sind sie zum Ort einer Interessensgemeinschaft geworden, in die der Adel das Prestige und die erstrebenswerten gesellschaftlichen Umgangsformen und der neue Stadtbürger sein Geld einzubringen hat.

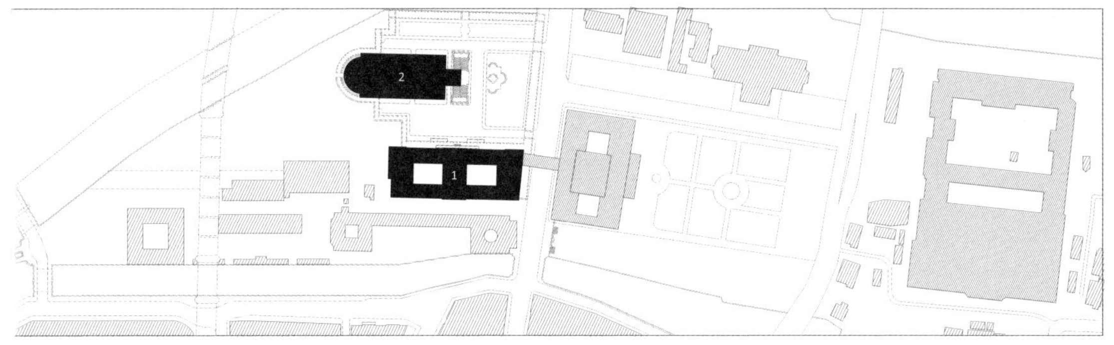

17 1 Neues Museum: Berlin 1841, Friedrich August Stüler; 2 Alte Nationalgalerie, 1862–1872, Friedrich August Stüler und Johann Heinrich Strack

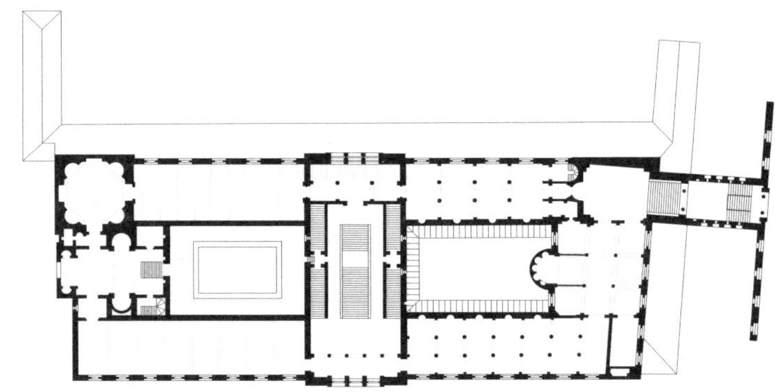

18 Neues Museum, Berlin 1841, Friedrich August Stüler, Obergeschoss

19 Neues Museum, Berlin 1841, Friedrich August Stüler, Ostfassade

Die deutlichen Eingangsgesten in Form von Loggien, wie sie sich Boullée, Durand und dann auch Schinkel vorgestellt hatten, sind für diesen Zweck ungeeignet und so verändert sich mit der Zeit als erstes wieder der Eingang. Schon Friedrich August Stüler, Architekt des Neuen Museums auf der Museumsinsel in Berlin, setzt die Loggia nicht mehr so demonstrativ als Eingangsgeste ein wie seine Vorgänger **(Abb. 17 bis 19)**. Mit Hilfe einer eingeschossigen Loggia, die sich nicht allein auf sein Gebäude bezieht, versucht er die sehr unterschiedlichen Museumsbauten, nämlich das Alte Museum, das Neue Museum und ein Festgebäude (die heutige Alte Nationalgalerie), für das Friedrich Wilhelm IV die erste Skizze lieferte **(Abb. 20)**, deutlich aufeinander zu beziehen, um so ein räumliches Museumsforum entstehen zu lassen. Zudem dient seine Loggia dazu, den Besucher behutsam zum Eingang des Neuen Museums zu lenken. Am Eingang angekommen, erwartet ihn eine stattliche Eingangshalle, auf die eine noch stattlichere Treppenhalle folgt. Es fällt auf, dass die figürliche Ausschmückung der Innenräume im Kontrast zur nüchternen äußeren Erscheinung steht, und es liegt die Vermutung nahe, dass die großzügige erste Raumfolge im Innern weder ausschließlich der Verteilung und Orientierung dienen soll noch sich auf die Funktion eines ersten Einstiegs in die Themen der Ausstellungsräume beschränkt: der Zweck eines solchen Eingangs und der Treppe scheint vielmehr in der Möglichkeit gesellschaftlicher Begegnung zu liegen **(Abb. 21)**.

Obwohl Stüler ein ehemaliger Schüler Schinkels ist, könnten sein und Schinkels Museum nicht unterschiedlicher sein. Beeindruckt Schinkels Altes Museum wegen seiner Klarheit, so beeindruckt Stülers Neues Museum wegen seiner ausgeklügelten Diversität. Präsentiert Schinkels Altes Museum sich mit einer eindeutigen und selbstbewussten Eingangsgeste, so bietet Stülers Museum einen Eingang, der den anderen beiden Neubauten nicht zur Konkurrenz wird. Beansprucht in Schinkels Museum nur ein einziger Ausstellungsraum, nämlich die Rotunde, eine besondere Raumfigur, so fordern dies in Stülers Museum zahlreiche Ausstellungsräume ein. Verweigert sich Schinkels Museum jeder Ausnahme, so wirkt Stülers Museum wie eine Anhäufung von Ausnahmen. Schinkel setzt sich selbstbewusst mit den Gegebenheiten des Ortes auseinander und ordnet sie seinen Ideen unter, wohingegen Stülers Museum sich mit den mannigfaltigen Ungereimtheiten arrangiert, welche der Erweiterung anhaften. Als Schinkel sein Museum entwirft, weiß er nicht, dass weitere Museen folgen werden,

20 Freistätte für Kunst und Wissenschaft, Berlin 1841,Skizze Friedrich Wilhelm IV.

21 Neues Museum, Berlin 1841, Friedrich August Stüler und Johann Heinrich Strack

weshalb sein Gebäude so einzigartig wirkt wie das Schloss und der Dom. Es öffnet sich großzügig auf den Lustgarten und schließt sich zum Packhof auf seiner Rückseite. Damit hat Stüler zu kämpfen, als er die Erweiterung entwirft, denn wie sollen sich die neuen Museumsbauten zu Schinkels Museum fügen, wenn es dem neuen gemeinsamen Außenraum eine geschlossene Rückseite bietet?

Die Unterschiede dieser beiden Museen kann man jedoch nicht nur auf eine unterschiedliche persönliche Veranlagung ihrer Architekten zurückführen. Schinkels Altes Museum und Stülers Neues Museum folgen grundsätzlich unterschiedlichen Museumskonzepten. Schinkels Museum steht für die *Andacht vor der Kunst*[27] und bietet, abgesehen von der Rotunde, neutrale Ausstellungsräume. Das Neue Museum hingegen steht für die *Ehrfurcht vor der Kunstgeschichte*[28]. In diesem Bau sollte die Architektur an einer historischen Erzählweise der Kunstgeschichte teilhaben; das zeigen am deutlichsten der Griechische und der Ägyptische Hof.

Mit einer weiteren Schwierigkeit hat sich Stüler auseinanderzusetzen. König Friedrich Wilhelm IV. mischt sich in die Planung ein und skizziert selbst Vorschläge für ein neues Festgebäude – eine Freistätte für Kunst und Wissenschaft, das in unmittelbarer Nachbarschaft zum Neuen Museum stehen soll. Sein Entwurf sieht ein tempelartiges Gebäude auf einem hochragenden Treppensockel vor, das seinen Eingang mehr auf den Lustgarten zu richten scheint als auf den neuen, von Stüler entworfenen Außenraum **(Abb. 20)**.

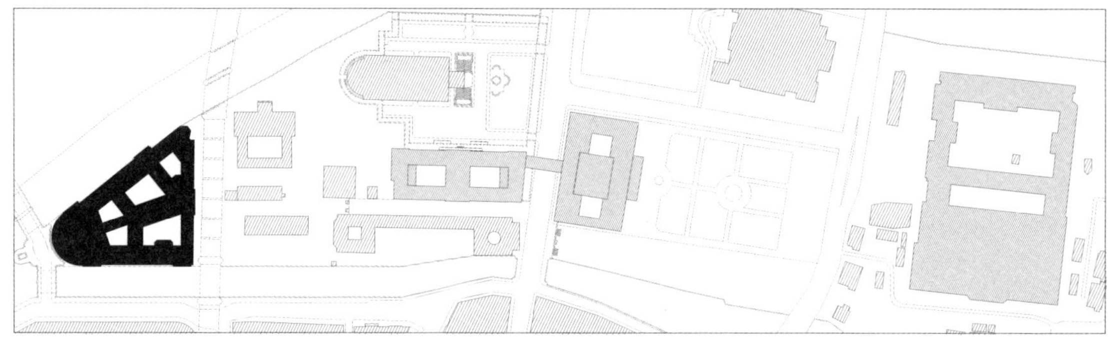

22 Bodemuseum, Berlin 1897, Ernst Eberhard von Ihne

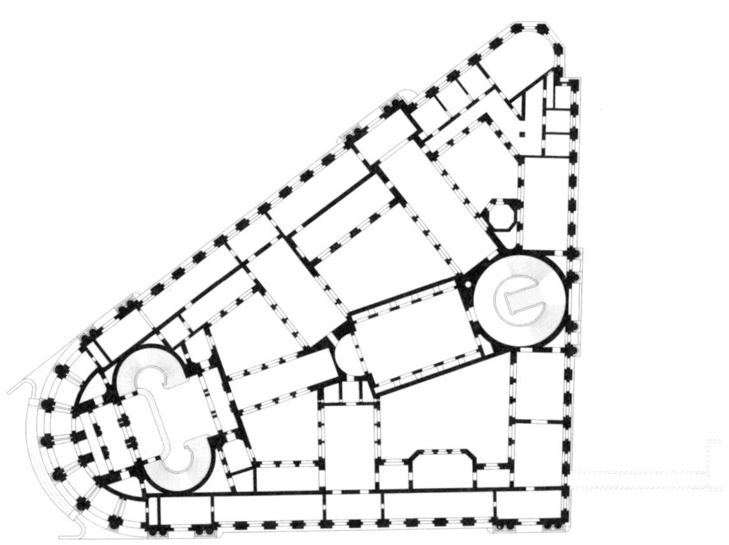

23 Bodemuseum, Berlin 1897, Ernst Eberhard von Ihne

6 DAS SPÄTE 19. JAHRHUNDERT – MUSEEN WÄHREND DER KONSTITUTIONELLEN MONARCHIE

Die Museumsinsel in Berlin erhält im Laufe der Zeit zwei weitere Museen. Der Besucher wird sich jedoch fragen, warum das vierte Museum, das Bode-Museum **(Abb. 22 und 23)**, nicht in unmittelbarer Nachbarschaft zum Neuen Museum erbaut wurde, sondern auf der anderen Seite einer Bahntrasse, die um 1900 die Spitze der Insel von den schon gebauten Museen trennte. Für diesen Standort gibt es eine einfache Erklärung: auf dem Nachbargrundstück zum Neuen Museum existierte bis 1908 ein Vorgängerbau zum Pergamonmuseum, der zu klein war für die Ausstellungsstücke, die gegen Ende des 19. Jahrhunderts nach Berlin kommen sollten. Aus diesem Grund musste das vierte Museum, das Bodemuseum, an der Spitze der Insel seinen Platz finden.

Wilhelm Bode, seit 1883 Direktor der Skulpturensammlung und ab 1890 der Gemäldegalerie, will die Museumsinsel verlassen, um in der Nähe des Martin-Gropius-Baus ein neues Zentrum der europäischen Sammlungen zu etablieren. Er lässt sich jedoch überzeugen, stattdessen ab 1897 den Bau des Kaiser-Friedrich Museums – denn so heißt das Bode-Museum zu Anfang – in Angriff zu nehmen. Der Grundriss ist eigentlich enttäuschend, denn er besitzt weder Schinkels Klarheit noch Stülers subtile Komplexität. Und überhaupt scheint sich gegen Ende des Jahrhunderts eine tödliche Routine in den Entwürfen des Museumsbaus einzustellen. Die ständige Wiederholung der immergleichen Raumtypen scheint sich endgültig erschöpft zu haben. Vor allem aber unternimmt der Architekt keinen Versuch, den Bau über die Bahntrasse mit den anderen Museen zu verbinden. Das Bodemuseum bleibt isoliert und kehrt den anderen Museen den Rücken zu.

Im Bodemuseum begegnen wir noch einmal einer Eingangshalle, die sich prachtvoll-herrschaftlich präsentiert und den gesellschaftlichen Vorstellungen des späten 19. Jahrhunderts Rechnung trägt. Es ist eine Halle, die aussieht, als wäre sie als Kulisse für einen Nibelungenfilm entworfen

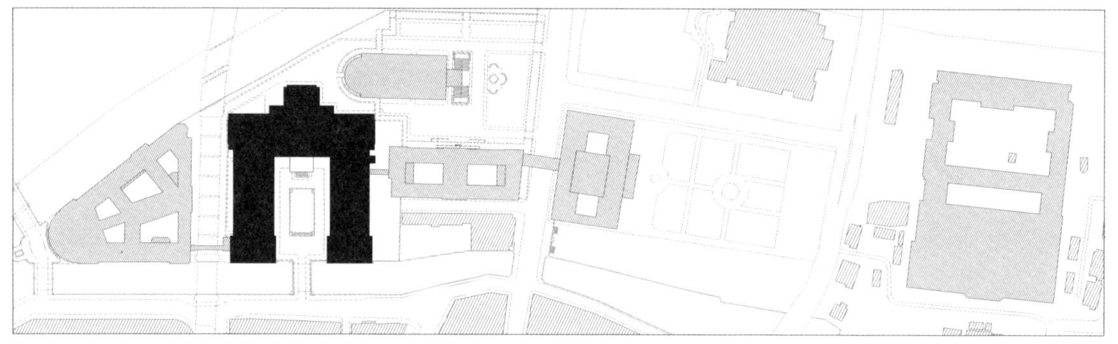

24 Pergamonmuseum, Berlin 1907–30, Alfred Messel

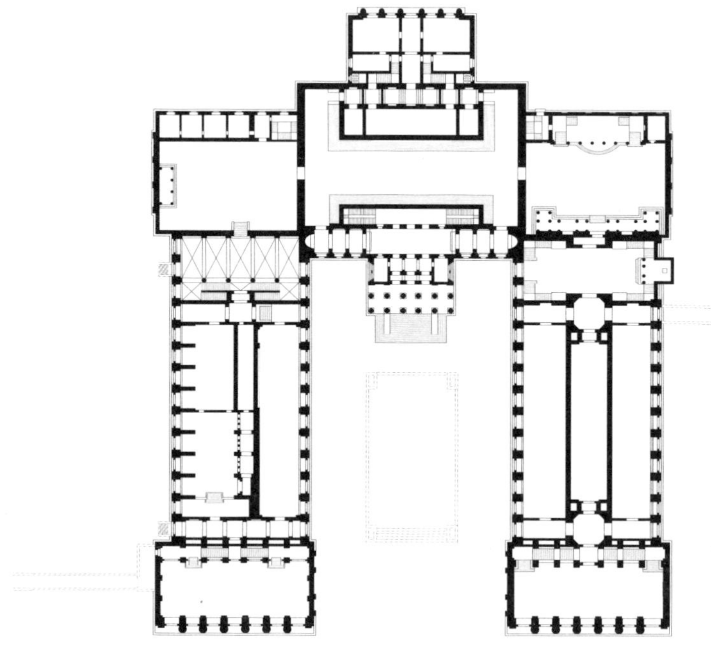

25 Pergamonmuseum, Berlin 1907–30, Alfred Messel

worden, mit einer Treppe, auf der Kriemhild einen angemessenen Auftritt hätte haben können.

Obwohl das fünfte und letzte Museum in unmittelbarer Nähe der ersten drei Museen steht, so fügt es sich räumlich ebenfalls nicht zu diesen Museen **(Abb. 24 und 25)**. Alfred Messel entwirft eine gigantische Dreiflügelanlage um einen großen Ehrenhof, dessen Hauptadresse der Kupfergraben ist. Woher kommt aber die Achse und wohin führt sie? Es gibt keine großartige Allee, die auf diesen Ehrenhof zuführen könnte und es gibt keinen barocken Garten auf der anderen Seite des Museums: die Achse läuft ins Leere. Überhaupt ist die starke Achsenbildung der einzelnen Museen, gekoppelt mit Zwischenräumen ohne verbindende Gestalt, ein grundlegendes Problem der Museumsinsel. Mit einer Ausnahme sind alle diese Gebäude so entworfen, als seien sie die einzigen oder die wichtigsten Museen auf der Insel. Drei Bauten verweigern sich hier dem Forumsgedanken vollkommen. Allein Schinkel und Stüler scheinen ein Forum, wenn auch in unterschiedlicher Ausformung, im Sinn gehabt zu haben, als sie ihre Museen entwarfen. Es könnte also die Schlussfolgerung naheliegen, dass die Museumsinsel städtebaulich misslungen sei, – und doch gehört sie tatsächlich zu den schönsten Orten Berlins. Wen sie einmal eingefangen hat, den lässt sie nicht mehr so schnell los und man möchte sie wieder und wieder besuchen. Peter-Klaus Schuster bringt den Eindruck, den die Bebauung auf der Museumsinsel hinterlässt, auf die überzeugende Formel, es handle sich hier um die *Einheit des Verschiedenen*.[29]

Wenn die französischen Beispiele und Schinkels Museum in Berlin zu Beginn des 19. Jahrhunderts Ausdruck des Aufbruchs einer emanzipierten und freieren und liberaleren Gesellschaft sind, dann verkörpern die Museen des späten 19. Jahrhunderts das Selbstverständnis einer Gesellschaft, das von nationalem Stolz gekennzeichnet ist. Das Kunsthistorische Museum und das Naturkundemuseum in Wien von Semper und Hasenauer sind auf die Hofburg ausgerichtet **(Abb. 26 bis 28)**, nicht jedoch um die Unabhängigkeit dieser neuen Institutionen zu demonstrieren, sondern um vielmehr die Bedeutung zu unterstreichen, welche die öffentlichen Institutionen dem Kaiser und dem Reich verleihen können. In Wien verläuft die Gesamtplanung und übergeordnete Einbindung der Museen in das Stadtgefüge nicht so holprig und scheinbar planlos wie auf der Museumsinsel in Berlin: die Ringstraßenplanung sorgt für eine weitsichtige stadträumliche Entwicklung, und sie ist Ausdruck einer neuen Öffentlichkeit.

26 Kaiserforum, Wien 1870, Gottfried Semper

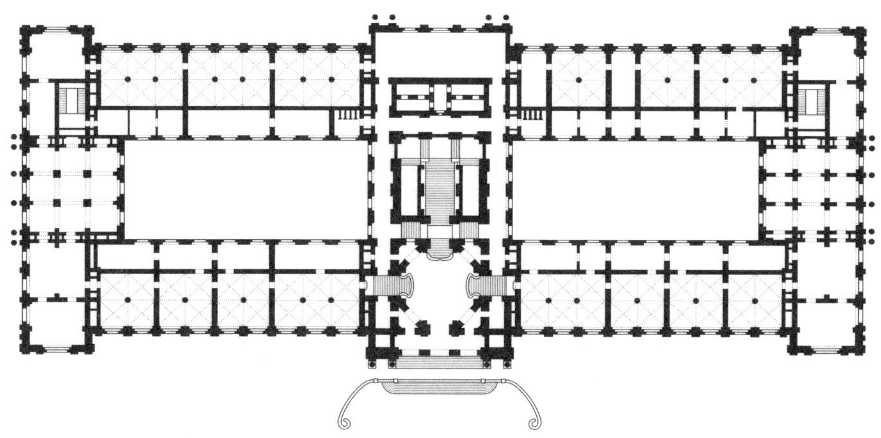

27 Kunsthistorisches Museum, Wien 1891, Gottfried Semper und Karl Freiherr von Hasenauer

Die zahlreichen neuen öffentlichen Bauten, die im 19. Jahrhundert jetzt in jeder Großstadt erscheinen, passen nicht mehr um den einen einzelnen Stadtplatz. In Wien ist ihr gemeinsamer städtische Raum die Ringstraße, der Boulevard, ein neuer Stadtraumtypus, der zum Bezugsraum für die neuen öffentlichen Bauten wird. Besser als in jeder anderen Großstadt Europas bietet die Ringstraße in Wien einen zusammenhängenden Raum, der die gesellschaftlichen Ziele des späten 19. Jahrhunderts klar zum Ausdruck bringt. Hier entstehen nicht nur die wichtigsten öffentliche Bauten, wie das Museum, das Theater, das Parlament, das Rathaus und die Universität; die Ringstraße selbst wird ein Raum der öffentlichen Begegnung zwischen unterschiedlichen Gesellschaftsschichten. Hier gibt es keine Resträume wie auf der Museumsinsel in Berlin. In Wien entstehen zwischen den Museen und der Hofburg Außenräume, die keineswegs tot sind, sondern denen man eine neue, zeitgemäße Absicht jeweils ablesen kann. Die neuen öffentlichen Bauten und die Außenräume in Wien sind Ausdruck von nationalem Stolz, Macht und Reichtum, und nicht zuletzt von einer Allianz zwischen Adel und Bürgertum. Auch in Wien nehmen die Eingangshallen gegen Ende des 19. Jahrhunderts eine neue Bedeutung an. Die Rotunden des Naturkundemuseums und des Kunsthistorischen Museums liegen nicht, wie bei Schinkel, in der Mitte des Grundrisses, wo sie den besonderen Ausstellungsraum im Herzen des Gebäudes bilden. Wie im Bodemuseum sind sie als grandiose Eingangshallen Orte der Begegnung und Kommunikation, die mit den Museen nur indirekt zu tun haben. **(Abb. 27 und 28)**.

Auch dieses Beispiel lässt erahnen, dass man hinter jedem scheinbar neutralen Raumprogramm ein verstecktes gesellschaftliches Programm entdecken kann. Schon eine Nutzungsänderung und neue Kombination der gleichen Raumtypen kann die Bestimmung eines Museums des 19. Jahrhunderts völlig verändern. Die Museen Sempers und Hasenauers sind nicht mehr Ausdruck einer neuen Hoffnung, wie es das Alte Museum von Schinkel seinerzeit war, sondern sie sind Ausdruck einer zu Ende gehenden Epoche. Sechs Jahre nach der Eröffnung der Museen am Kaiserforum wird das Sezessionsgebäude von Joseph Maria Olbrich entworfen, ein Museumsgebäude, das nicht nur den Keim der Moderne in sich trägt, sondern das sich auch als Kritik an einer in Pomp erstarrten Gesellschaftsordnung verstehen lässt.

28 Kunsthistorisches Museum, Wien 1891, Gemälde der Eingangshalle, Robert Raschka

7 20. JAHRHUNDERT – DAS NEUE RAUMKONZEPT – MUSEEN DER ERSTEN GENERATION IN DER MODERNE

Gegen Ende des 19. Jahrhunderts befindet sich die Architektur der westlichen Welt in einem Erschöpfungszustand. Der Formenkanon ist ausgereizt, die Raumtypen durchdekliniert und im Städtebau kommen die Architekten mit einer stark axialen Ausrichtung auch nicht mehr weiter. Es beginnt sich ein neues Stadtbild durchzusetzen, das weniger auf Dichte angelegt ist und stattdessen mehr Abstand zwischen den großen Institutionen und mehr Grün zulässt. Der bevorzugte Ort für die Institutionen der Stadt ist nun nicht mehr der räumlich gefasste Platz, sondern der Boulevard und die begrünte Fläche. Die Zeit ist reif geworden für Veränderungen. Diesmal jedoch haben nicht allein politische und gesellschaftliche Umwälzungen Einfluss auf die Grundstruktur der öffentlichen Gebäude, diesmal sind die größten Veränderungen durch ein neues Stadtbild und technische sowie künstlerische Erneuerungen bedingt. Zwei Voraussetzungen führen in der Regel zu Veränderungen: die eine liegt in der Unzufriedenheit mit Bestehendem, die andere ist die Vorstellung von etwas Neuem, eine Idee, die nach Realisation drängt. Und genau diese beiden Voraussetzungen lassen sich gegen Ende des 19. Jahrhunderts feststellen.

Neue technische Erfindungen verändern die Art des Bauens. Durch die Erfindung des Stahlbetons können Architekten viel freier und reduzierter mit tragenden Bauteilen wie Stütze und Wand entwerfen. Durch die Erfindung der Glühlampe, der Zentralheizung und der Klimaanlage können tiefe Räume künstlich belichtet und belüftet werden, und als der absturzsichere Aufzug hinzukommt, können Hochhäuser gebaut werden. Auch die Künste erleben einen radikalen Umbruch, der sich auf die Architektur niederschlägt. Folglich kommt mit dem Beginn des 20. Jahrhunderts eine neue Raumvorstellung zustande, die sich in ihrer radikalen Form vorerst mit den alten Raumprinzipien der vergangenen Epochen nicht mehr verträgt. Was auch immer die verschiedenen Epochen bis zum 20. Jahrhundert trennt, eines verbindet sie doch im Vergleich zur modernen Architektur: der gefasste Raum. Und wenn man eine wichtige neue Eigenschaft herauskristallisieren möchte, welche die neue Architektur von der alten trennt, dann ist das der fließende Raum, der den gefassten Raum ablösen soll. Durch dieses neue Ideal sollte sich das räumliche Gefüge von Gebäude und Stadt radikal verändern.

Die erste Generation, die Erfinder des fließenden Raumes, musste durchgreifend handeln, sie fühlte sich verpflichtet, der Welt das neue Prinzip als heilsbringende Idee vorzuführen. Und mit der ersten Generation der modernen Architektur kommt zu Beginn des 20. Jahrhunderts eine radikale Unterscheidung zwischen Alt und Neu zustande. Es gibt wahrscheinlich zu keiner Zeit in der Geschichte einen so eklatanten Bruch in der Entwicklung der Stile und in der Entwicklung der Raumstrukturen wie zu Beginn des 20. Jahrhunderts.

Helmut Heissenbüttel beschreibt diesen Traditionsbruch:

> „Überhaupt treten mit dem Beginn des 20. Jahrhunderts auf den verschiedensten Gebieten Künstler, Autoren, und Wissenschaftler auf, die in Opposition und in der Antithese zur vorangegangenen Tradition das gesamte geistige Leben in eine neue Richtung weisen. Man kann die Mitglieder dieser Generation als die Erfinder dessen bezeichnen, was es vorher nicht gab. Ihr Werk hat fast überall einen Zug zum Radikalen. Der Impuls zu diesem Werk entspringt der Opposition wie der Neuentdeckung bisher unbekannter Möglichkeiten."[30]

Ein zentrales Thema der Architekten der frühen Moderne ist die Auflösung der Raumbegrenzungen. Nicht, dass es den Raum gar nicht mehr geben soll, doch erhält er eine Dimension, die er vorher noch nie hatte. Verkürzt könnte man sagen, dass der gefasste Raum zu Beginn der Moderne vom fließenden Raum abgelöst werden soll. Mit seiner radikalsten Ausformulierung verschwinden nicht nur die klassischen Raumfolgen, wie die Raumkette und die verschachtelten Raumschichten, es verschwinden auch die klassischen Raumtypen wie die Rotunde, das Kabinett, der Saal und die Galerie, die aus der Loggia hervorgegangen waren. Diese Räume hatten sich aus der Idee des gefassten Raumes entwickelt. Mit dem neuen Raumkonzept sind aber auch der Gegensatz zwischen einer entworfenen Innenwelt und einer ganz anders gearteten Außenwelt, wie man ihn bis zum 19. Jahrhundert kannte, aufgehoben. Rudolf Arnheim reduziert diesen Sachverhalt auf den Kerngedanken, *ein Schritt durch die dünnste aller Türen genüge, um eine Welt zu verlassen und die andere zu betreten.*[31] Das ist bei Entwürfen von Mies van der Rohe nicht mehr der Fall. Pointiert könnte man formulieren, dass man bei Mies das Gebäude betritt, um doch immer noch draußen zu sein.

Aber genau die vom neuen Raumprinzip und einem nie dagewesenen Raumempfinden ausgehende Faszination motiviert diese Architekten, bis an die Grenzen des Möglichen zu gehen. Mit dieser radikalen Änderung sind aber auch einige Erfahrungen und bisherige Fortschritte hinfällig geworden. Zu Beginn des 19. Jahrhunderts hatte es große funktionale Umwälzungen gegeben: durch die Trennung von Schloss und Museum waren Auftraggeber und Nutzer andere geworden, und neue Anforderungen wurden an die Funktionen gestellt. Es gab eine langsame Annäherung zwischen den Vorstellungen der neuen Auftraggeber und den Architekten. Gegen Ende des 19. Jahrhunderts hatten die Ziele der Museumsdirektoren an Sicherheit und Stabilität gewonnen. Erst zu dieser Zeit entwickelt sich eine Übereinstimmung zwischen der architektonischen Vorstellung *und* der Funktion. Solche Übereinstimmung wird nun, zu Beginn des 20. Jahrhunderts, zugunsten eines ungewissen Experiments aufgekündigt.

Es lohnt sich an dieser Stelle, die richtungsweisenden Entwicklungen des frühen 19. Jahrhunderts mit den Umwälzungen des frühen 20. Jahrhunderts zu vergleichen. Zu Beginn des 19. Jahrhunderts veränderten sich die Grundlagen für die Funktion des Museums, die Raumvorstellungen wandelten sich jedoch nicht grundlegend. Zu Beginn des 20. Jahrhunderts verändern sich die Voraussetzungen für den architektonischen Raum, jedoch nicht für seine Funktion. Es beginnt eine rastlose Suche nach neuen gültigen Raum- und Bauformen und von neuem wird eine Annäherung zwischen Architekten und Auftraggeber nötig. Die Übereinstimmung, welche die Architekten des 19. Jahrhunderts zwischen der Raumform und der Funktion gefunden hatten, ist mit einem Schlag hinfällig geworden. Besonders drastisch äußert sich das am Museum. Andere öffentlichen Funktionen, wie z. B. der Theaterbau, verändern sich räumlich weniger deutlich, da der umschlossene Raum in der Regel eine Voraussetzung für das Funktionieren des Theaters ist. Verglichen mit dem Museum sind die prinzipiellen Veränderungen also gering, da mit Foyer, Auditorium und Bühne die wichtigsten Raumtypen erhalten bleiben können.

29 Entwurf für ein wachsendes Museum, 1931, Le Corbusier

Die Vorgabe, dass das Auditorium einen Raumcharakter haben soll, verändert sich in den meisten Fällen ebenfalls nicht. Im Museumsbau hingegen ändert sich so gut wie alles. Das Raumkonzept, der gefasste Raum wird vom offenen Raum abgelöst, und das Museum profitiert sogar von diesem Konzept. Mit dem fließenden Raum werden die Raumtypen abgeschafft: die Rotunde, der Saal, die Kabinette, die Galerie oder die Loggia gibt es im modernen Museum nicht mehr. Und anstelle des Raumcharakters im Sinne des 19. Jahrhunderts wird das Konzept des *white cube* eingeführt, das auf dem Ideenkonzept beruht, die Raumschale in den Hintergrund treten zu lassen, architektonische Ornamente und Farben zu unterdrücken und jede eigene Raumfassung zu unterbinden, die den Kunstwerken Konkurrenz machen könnte.

Der offene Raum ist ohne Zweifel ein Gewinn, wenn es um den Raumzusammenhang und den Raumfluss geht; der moderne schmucklose Raum ist gewiss ein Gewinn, wenn es darum geht, das Kunstwerk in den Vordergrund zu stellen. Aber schon die frühen modernen Architekten verspüren die Verluste, die mit diesen Veränderungen einhergingen: wie soll man jetzt die Funktion zum Ausdruck bringen? Vor allem: wie soll man jetzt der Unterschiedlichkeit von Kunstgattungen gerecht werden? Grundsätzlich versuchen die modernen Architekten der ersten Generation die Beziehung zwischen Form und Funktion auf zwei Arten zu lösen: zum einen mit dem Konzept *form follows function*, zum anderen mit dem Konzept des *flexiblen Raumes*. Frank Lloyd Wrights Guggenheim Museum in New York steht als Beispiel für die Absicht, die Funktion mit der Form zum Ausdruck zu bringen, während die Neue Nationalgalerie von Mies van der Rohe eine deutliche Bevorzugung des flexiblen Raums repräsentiert.

Anders als beim Theater gibt es jedoch beim Museum vorerst keine gesicherte Basis, auf der man die Beziehung zwischen Raum und Funktion fortführen könnte. Für Architekten der ersten Generation liegt darin die Chance, das Museum völlig neu zu erfinden und frei zu experimentieren. Man muss nicht viele Beispiele zeigen, um festzustellen, dass die ersten sechzig Jahre des 20. Jahrhunderts von einer rastlosen Suche nach einer idealen Beziehung zwischen Form und Funktion gekennzeichnet ist und dass diese ideale Form – das wissen wir heute – nie gefunden wurde.

1931 entwirft Le Corbusier ein *wachsendes Museum* und reagiert damit auf ein Kernproblem der immer auf Wachstum angelegten Museen und Bibliotheken. Ein geradezu systemimmanenter Mangel an Ausstellungsflächen und Depoträumen macht es sinnvoll, ein solches Konzept zu entwickeln **(Abb. 29)**.

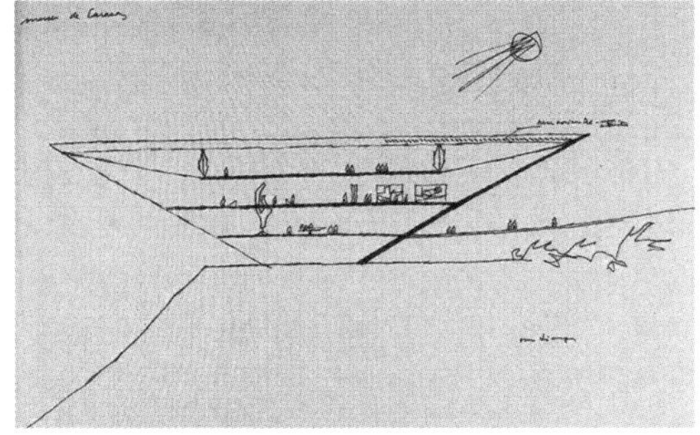

30 Entwurf für ein Museum, 1959, Oscar Niemeyer

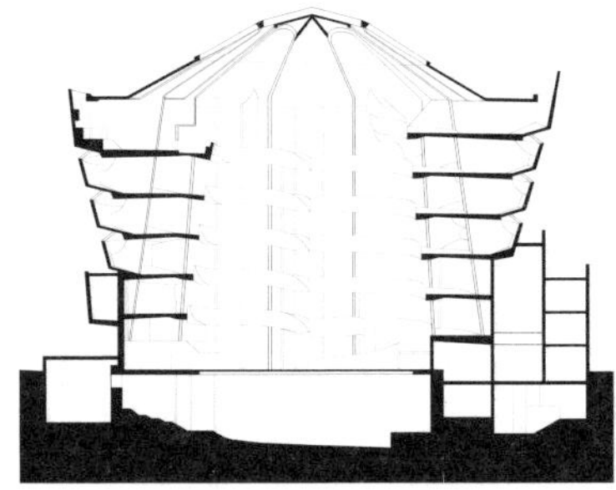

31 Guggenheim Museum, New York 1959, Frank Lloyd Wright

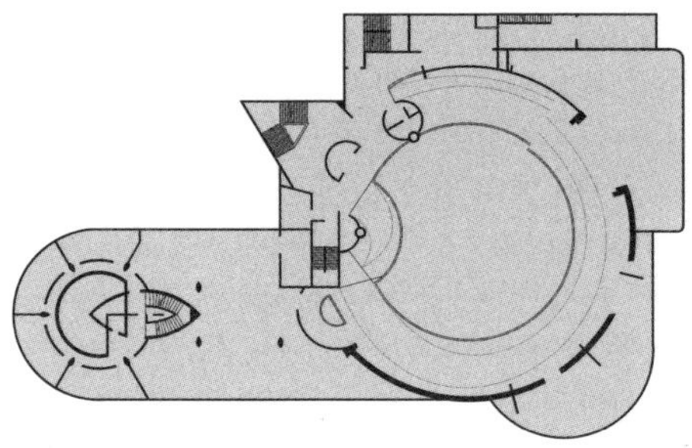

32 Guggenheim Museum, New York 1959, Frank Lloyd Wright

Oscar Niemeyers Museumsentwurf gleicht einer auf den Kopf gestellten Pyramide, deren oberstes Geschoss eine sehr große Fläche an Oberlichtern bietet. Zu dieser Zeit wird das Oberlicht noch als ideale Form der Ausleuchtung von Ausstellungsräumen gesehen. Auch dieser Entwurf thematisiert lediglich dieses eine Problem **(Abb. 30)**.

Die zentrale Idee des Guggenheim Museums von Frank Lloyd Wright besteht darin, die Ausstellungsräume eines mehrgeschossigen Gebäudes durch eine Rampe fließend zu verketten **(Abb. 31 und 32)**. Mehrgeschossige Ausstellungsräume mit Treppen zu verbinden birgt zwei Probleme: sind sie Teil des Raumes, so stören sie die Ausstellung. Liegen sie aber außerhalb der Ausstellungsräume, so wird er Besucher immer wieder aus dem Rundgang herausgerissen. Also entwirft Wright den gesamten Ausstellungsraum als eine einzige Rampe. Der Besucher fährt mit dem Aufzug ins oberste Geschoss und wandelt dann langsam eine Rampe hinunter, die gleichzeitig als Ausstellungsraum fungiert. Die Rampe wird damit zu einem reinen Bewegungsraum, der allerdings wiederum nicht unproblematisch ist, denn dem Museumsbesucher wird das Gefühl vermittelt, vom Strom der anderen Besucher nach unten geschoben zu werden. Hinzu kommt der Eindruck, alle Bilder hingen schief, da der Boden geneigt ist. Solche Probleme führten dazu, dass die Lösung nicht Schule gemacht hat, auch wenn das Guggenheim Museum von Frank Lloyd Wright eines der schönsten Bauten New Yorks bleibt.

Fast alle diese Entwürfe zeigen eine Suche nach einem völlig neuen Kontext und einem neuen Typus von Stadt. Frank Lloyd Wrights Guggenheim Museum bildet hier die Ausnahme, denn sein Museum steht in New York, einer Hochhausstadt, die im Ausdruck modern ist, doch im Stadtplan noch der dichten Struktur einer Stadt des 19. Jahrhunderts folgt. Wir können jedoch sicher sein, dass auch Wrights Ideal eine Stadt im Grünen ist. Genau wie Le Corbusiers Stadtvision, der *Voisin*-Plan, eine Stadt im Grünen ist, so ist auch Wrights Stadtvision im Kern eine Parklandschaft. Er nennt sie *Broad Acre City*, und die Zeichnungen, die er dazu anfertigt, zeigen die Antithese zur traditionellen Stadt und eine Verherrlichung der aufgelösten Vorstadt. Wright veröffentlicht sie zum ersten Mal in seinem Buch *The Disappearing City*.

Auch Oscar Niemeyer meidet den traditionellen städtischen Kontext. Seine ideale Stadt heißt Brasilia, die von Lúcio Costa entworfene neue Hauptstadt Brasiliens. Das Kulturforum in Berlin kommt ebenfalls dem

33 Wettbewerbsentwurf Kulturforum, Berlin 1964, Hans Scharoun

Ideal einer Parklandschaft sehr nahe. Hans Scharouns Wettbewerbsentwurf von 1959 **(Abb. 33)** zeigt eine großzügige und lockere Verteilung mehrerer Kulturbauten in einer Parklandschaft: die neue Nationalgalerie von Mies van der Rohe, die Philharmonie, ein Gästehaus und die Staatsbibliothek von Hans Scharoun und die alte Mathäus-Kirche von Friedrich August Stüler. Ein räumliches Forum ist nur schwer zu erkennen, unter anderem wegen des sorglosen Umgangs mit einer Schnellstraße, die den Außenraum zwischen den Kulturbauten durchtrennt. Das Programm hat alle Zutaten, um ein räumliches und ein funktionales Forum entstehen zu lassen. Es versammelt fünf öffentliche Bauten an einem Ort. Doch warum wirkt dieser Raum dennoch so disparat? Mehrere Gründe gibt es dafür: eine vierspurige Schnellstraße zerschneidet das Gebiet in zwei Teile und der große Parkplatz lädt auch nicht ein, sich hier länger aufzuhalten. Die räumliche Disparatheit des Forums ist gewiss nicht zuletzt in den gegensätzlichen Strömungen begründet, denen beide Architekten angehören.

So unterschiedlich jedoch Mies van der Rohes und Hans Scharouns Auffassung von Architektur auch sein mögen, in einer Sache sind sie sich völlig einig: die moderne Stadt soll eine Stadt im Grünen sein. Scharoun sieht seine Planung nicht als Ergänzung der alten, dichten Stadt, sondern als Ergänzung des Tiergartens, also einer Variante des Stadtparks. Räumlich hat der Entwurf von Scharoun sehr wenig mit antiken Foren zu tun, die sich hauptsächlich dadurch auszeichnen, dass sie öffentliche Bauten um einen gefassten Versammlungsplatz gruppierten und diese aufeinander bezogen. Die beiden Bauten links und rechts von der Matthäus-Kirche werden nicht gebaut, was dazu führt, dass die Zwischenräume noch diffuser wirken und das Kulturforum bis heute eine Ansammlung von isolierten Ikonen geblieben ist, in einem Umfeld, das keine befriedigende Identität besitzt. Jeder, der das Kulturforum einmal besucht hat, wird sich an einige wenige Bauten erinnern können, an den Stadtraum jedoch nicht.

Welche Eigenschaften nun müssen Stadträume aufweisen, damit der Begriff Forum nicht wie ein hohles Schlagwort klingt? Mit welchen Stadträumen müsste man das Kulturforum vergleichen, um zu verstehen, was alles mit diesem Areal stadträumlich nicht in Ordnung ist? Diesen Stadtraum mit den alten gefassten Stadträumen der Antike, des Mittelalters oder der Renaissance zu vergleichen erscheint jedoch müßig, denn die Bildung eines gefassten Platzes war nicht Scharouns vorrangiges Ziel. Vielleicht hilft zur Klärung ein Beispiel aus Berlin, das, obwohl es sich um einen alten Stadtraum handelt, schon einige wenige Eigenschaften des modernen Stadtraums zeigt **(Abb. 16, S. 38)**. Betrachtet man den Lustgarten, der ursprünglich als Exerzierplatz mit dem Alten Schloss angelegt war und später den Dom, das Zeughaus und Schinkels Museum um sich versammelte, so lassen sich hier Objekte erkennen, die sich vereinzelt um einen Stadtraum gruppieren. Auch hier ist der Raum nicht dicht umschlossen wie in der antiken oder der mittelalterlichen Stadt, auch hier sehen wir eine grüne Fläche und keinen harten Platz, und auch an diesem Lustgarten gibt es heute eine vierspurige Straße. Vergleicht man nun die beiden Orte Berlins miteinander, so lassen sich ähnliche Eigenschaften feststellen, die in dem einen Beispiel akzeptabel sind, im anderen aber abweisend wirken. Warum ist das Kulturforum ein negativer Stadtraum und der Lustgarten nicht? Vermutlich liegt es daran, dass der Lustgarten eine Identität besitzt, an die man sich positiv erinnern kann. Der öffentliche Raum des Kulturforums hingegen besitzt keine Identität, er ist kein Raum, den man gern in Erinnerung behält. Der Raum wird weder von seinen Rändern her überzeugend definiert noch von seiner Mitte. Die wichtigsten Ikonen der Moderne, Mies van der Rohes neue Nationalgalerie, Hans Scharouns Philharmonie sowie seine Staatsbibliothek richten ihre Eingänge nicht auf einen zentralen, definierbaren Platz. Das Kulturforum in Berlin ist leider keine Ausnahme, und es könnte als Zustandsbeschreibung der Moder-

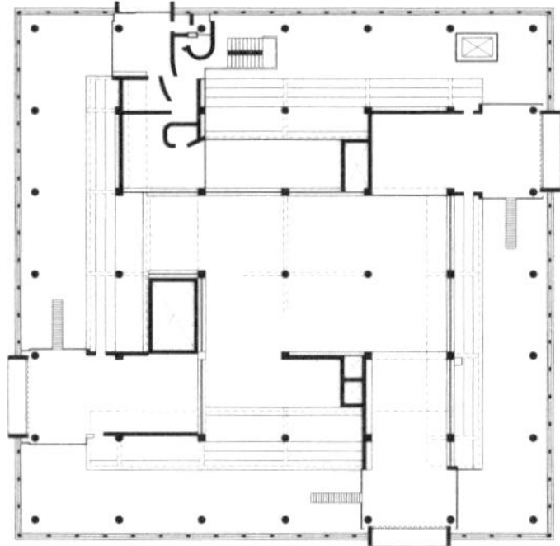

34 Nationalmuseum für westliche Kunst, Tokio 1959, Le Corbusier

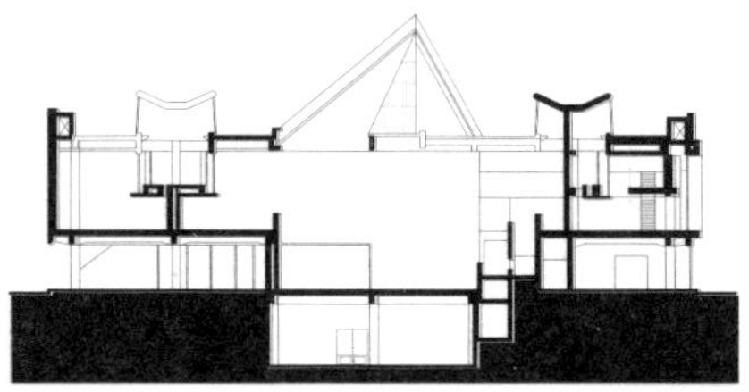

35 Nationalmuseum für westliche Kunst, Tokio 1959, Le Corbusier

ne herhalten: man erinnert sich an hervorragende Einzelbauten, jedoch nicht an einen gelungenen Stadtraum. Man kann sich gut vorstellen, dass die Begeisterung der ersten Generation für das neue Raumkonzept die Nachteile, die mit diesem Konzept verbunden sind, in den Hintergrund gedrängt haben – man sah die Möglichkeiten, nicht aber die Probleme. Eine solche Aufgabe stellt sich gewöhnlich erst für die zweite Generation.

Ein weiteres Problem wirft die Erschließung der Ausstellungsräume auf. Der Schlüssel zu jedem Museumsgrundriss liegt in der Organisation des Rundgangs – daher ist das Verhältnis zwischen den Bewegungs- und Ortsräumen ein zentrales Thema für den Entwurf. Museen des 19. Jahrhunderts zeigen ein ausgewogenes Verhältnis zwischen Ort und Bewegung. Die Rotunde, das Kabinett und der Saal sind gefasste, statische Räume, sie verlangsamen den Gang der Besucher. Erst die Enfiladen beschreiben einen Weg durch die Ausstellungsräume. Wirkt die Enfilade wie eine Aufforderung zum Weitergehen, so lädt der gefasste Raum, vor allem der besondere Raum, zum Bleiben ein. Im Alten Museum von Schinkel liegt der besondere Raum, die Rotunde, sogar abseits des Hauptbesucherstroms **(Abb. 13, S. 36)**. Im Neuen Museum arbeitet August Stüler mit mehreren besonderen Räumen, die mitten im Rundgang liegen **(Abb. 18, S. 40)**. Es ist fast so, als wollte er den Hauptbesucherstrom immer wieder durch Sonderräume verlangsamen, damit ungeduldige Besucher nicht ungebremst durch die Ausstellung laufen.

Der fließende Raum hingegen, der sich von den Raumtypen verabschiedet hatte, regt fast immer zur Bewegung an. Im modernen Museum hat man oft den Eindruck, dass der Besucher geschleust, geschoben und gezogen werden soll. Im Nationalmuseum für westliche Kunst von Le Corbusier **(Abb. 34 und 35)** liegen auch die Treppen und Rampen nicht mehr abseits vom Museumsrundgang, wie es traditionell üblich war, sondern sie liegen in den Ausstellungsräumen. Auch in der vertikalen Ausdehnung kommen die Räume nicht zur Ruhe, das Auge wird immer wieder vom nächsten Geschoss angezogen. Das Konzept des offenen Raumes unterstützt Bewegung in jeder Hinsicht; die Wände umschließen den Raum nicht, wie sie das beim gefassten Raum tun, sondern sie lenken den Besucher weiter. Dass die Moderne hier auch zu weit geht, erweist sich erst mit der Nutzung der ersten Bauten. Bei allen Nachteilen, die der fließende Raum mit sich bringt, verspricht er doch ein Problem zu lösen, das ab dem 20. Jahrhundert immer akuter wird. Die meisten Museen sind auf Wachs-

36 Wilhelm Lehmbruck Museum, Duisburg 1964, Manfred Lehmbruck

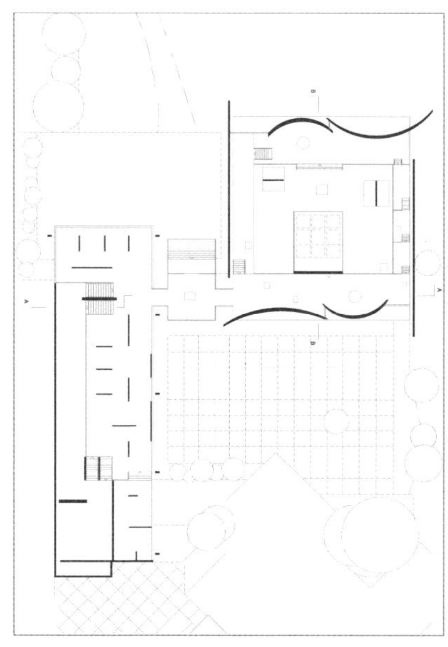

37 Wilhelm Lehmbruck Museum, Duisburg 1964, Manfred Lehmbruck

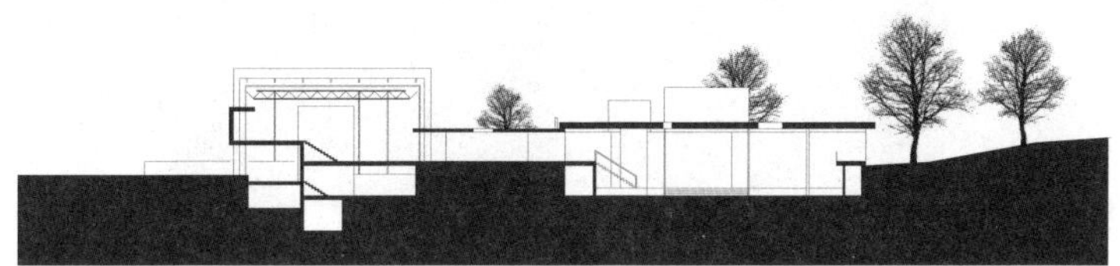

38 Wilhelm Lehmbruck Museum, Duisburg 1964, Manfred Lehmbruck

tum angelegt, da man sich verpflichtet sieht, Sammlungen zu erweitern. Zumindest dort, wo die Grundstücke es erlauben, entwerfen Architekten der ersten und zweiten Generation Museen, die für ein Wachstum bereits präpariert sind. Le Corbusier arbeitet mehrere Vorschläge für ein wachsendes Museum aus, doch wird keiner seiner Entwürfe gebaut.

Andere Museen, wie das Lehmbruck-Museum in Duisburg **(Abb. 36 bis 38)**, von Manfred Lehmbruck, sind nicht gleich auf Wachstum angelegt. Das Museum lässt sich jedoch problemlos erweitern, da es, wie oft zu dieser Zeit, auf einem parkähnlichen Grundstück gebaut wurde, das genügend Freiraum für weitere Anbauten bietet. Man kommt nicht umhin, dieses Museum mit Mies van der Rohes Neuer Nationalgalerie in Berlin zu vergleichen **(Abb. 39 bis 41)**, schon allein deswegen, weil beide fast zur gleichen Zeit gebaut wurden. Auch Lehmbruck arbeitet mit dem fließenden Raum, aber ganz anders als Mies van der Rohe. Beide Museen betonen den einen großen und offenen Raum, beide haben ein Dach, das über den Ausstellungsräumen zu schweben scheint, und doch sind beide Museen in der Wirkung sehr unterschiedlich. Das schwebende Dach, die freistehenden Wände, die keine geschlossenen Raumecken zulassen, die Raumhohen Fenster, die die Wände auf Abstand halten und den Raum nach außen fließen lassen, all dies sind Elemente des fließenden Raumes.

39 Neue Nationalgalerie, Berlin 1968, Mies van der Rohe

Der Raum öffnet sich hier jedoch nicht so unerbittlich wie bei Mies van der Rohe. Anders als dort gliedert Manfred Lehmbruck seinen Raum in mehrere Ebenen, und er setzt Licht und Hintergrund gezielt ein, um einzelne Skulpturen hervorzuheben. Das Lehmbruck-Museum ist nicht annähernd so klar wie das von Mies van der Rohe, doch geht Lehmbruck dafür stärker auf einzelne Kunstwerke ein, vor allem auf die Werke seines Vaters, die er natürlich gut kennt. Lehmbruck hebt gezielt einzelne Werke hervor und kann sich so den Vorteil zunutze machen, den ständige Ausstellungen bieten. Das Lehmbruck-Museum gibt ein gutes Beispiel, wie man den einen großen Raum unterteilen kann, ohne dabei seine Kohärenz zu verlieren: nämlich mit Ebenen, mit Licht oder mit einem verglasten Innenhof.

1958 beginnen die Dänischen Architekten Jörgen Bo und Vilhelm Wohlert mit dem Bau des Louisiana Museum of Modern Art in Humlebæk **(Abb. 42)**. Es ist tatsächlich ein wachsendes Museum, aber nicht ganz nach den Vorstellungen Le Corbusiers, denn es erweitert sich nicht wie ein

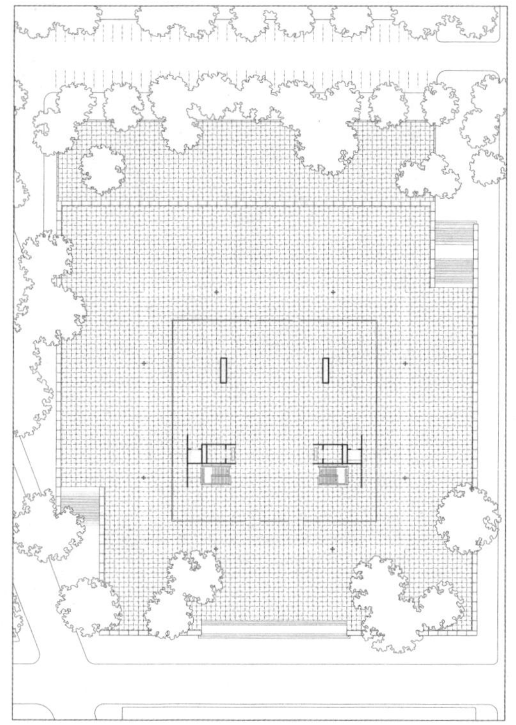

40 Neue Nationalgalerie, Berlin 1968, Mies van der Rohe

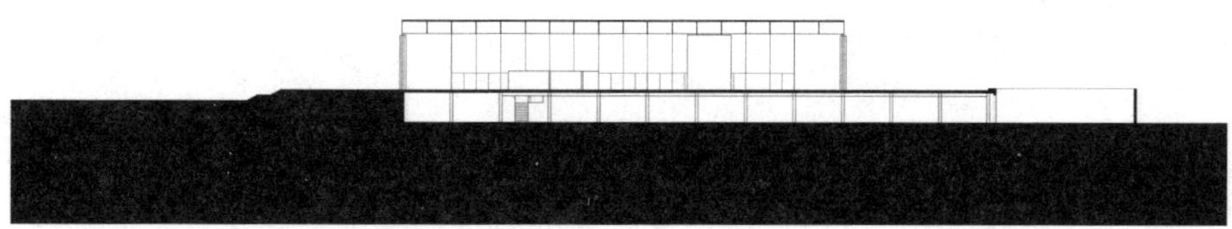

41 Neue Nationalgalerie, Berlin 1968, Mies van der Rohe

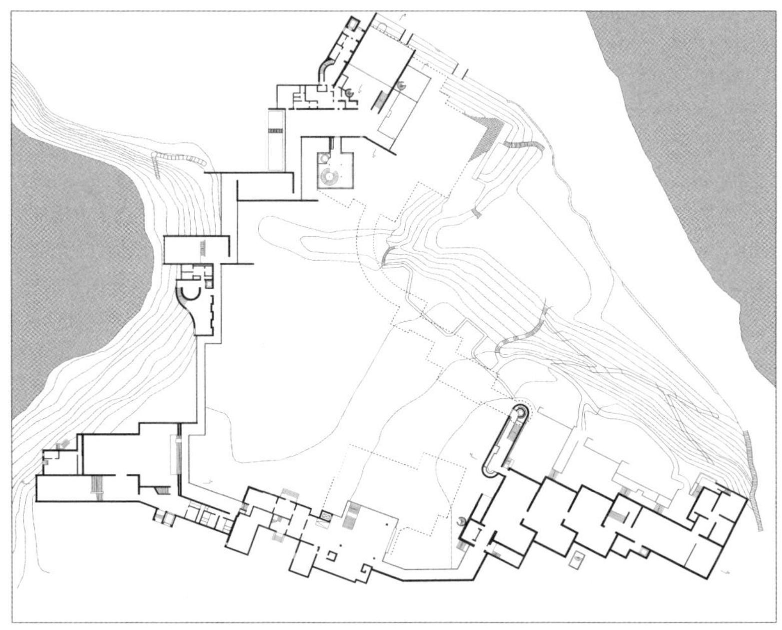

42 Louisiana Museum of Modern Art, Humlebaek, 1959–1998, Jørgen Bo und Vilhelm Wohlert

Schneckenhaus um sich selbst, sondern es verzahnt sich bei jeder Erweiterung mit der Landschaft. Das Louisiana Museum, das an der dänischen Küste liegt, gehört zu jenen Museen, die sich durch einen starken Landschaftsbezug auszeichnen. Seine volle Ausdehnung hat es erst 1991 erreicht. Der Grundriss zeigt drei getrennte Bauten, die durch einen Korridor verbunden sind.

8 DIE WIEDERENTDECKUNG DER ALTEN STADT – MUSEEN DER ZWEITEN GENERATION IN DER MODERNE

Die 1950er und 1960er sind jedoch nicht nur die beiden Jahrzehnte, in denen die Architekten der ersten Generation der klassischen Moderne einige ihrer wichtigsten Museumsbauten realisieren können. Schon 1953 zeichnet sich bei einem der letzten CIAM-Treffen in Aix-en-Procence Widerstand gegen die erste Generation ab. Die Lage der zweiten Generation ist dabei nicht ganz einfach: sie kann die Konzepte der ersten Generation weiterverfolgen und weiterentwickeln, sie kann opponieren und auf jene Tradition zurückgreifen, von der sich die erste Generation abgewandt hatte oder sie kann versuchen, die Leistungen der ersten Generation zu übertrumpfen. Tatsächlich fragen sich um 1969 einige Architekten, ob im Zeitalter der ersten Mondlandung und des forcierten technologischen Fortschritts ein archaisches Baumaterial wie Ziegel und Mörtel noch angemessen sein könne. Der Entwurf für das Centre Pompidou **(Abb. 43 und 44)** in Paris von Renzo Piano und Richard Rogers entsteht ab 1972 in diesem geistigen Klima. Beide Architekten glauben an den Fortschritt der Technik, an den Mythos des Originellen und sie haben die Absicht, ihre Vorgängergeneration zu übertrumpfen. Sie wollen in Bezug auf Ausdruck und Form noch extremer sein, und sie wollen noch radikaler sein, wenn es um die Flexibilität der Grundrisse geht.

Anders als bei der Neuen Nationalgalerie von Mies van der Rohe wird beim Centre Pompidou die Mitte des Raumes völlig freigehalten, sogar die Haupttreppe wird in den Außenraum verlegt. Es bleibt ein Großer Raum, in dem man alles machen kann. Die Installationen, die normalerweise hinter einer Deckenbekleidung verschwinden, werden offen gezeigt und können überall angezapft werden. Das Centre Pompidou treibt so zwei Vorstellungen auf die Spitze: zum einen die der vollständigen Flexibilität und zum anderen jene, dass ein Gebäude des 20. Jahrhunderts den Ausdruck seiner technischen Möglichkeiten widerspiegeln muss, – erst dann nämlich

43 Centre Pompidou, Paris 1977, Renzo Piano und Richard Rogers

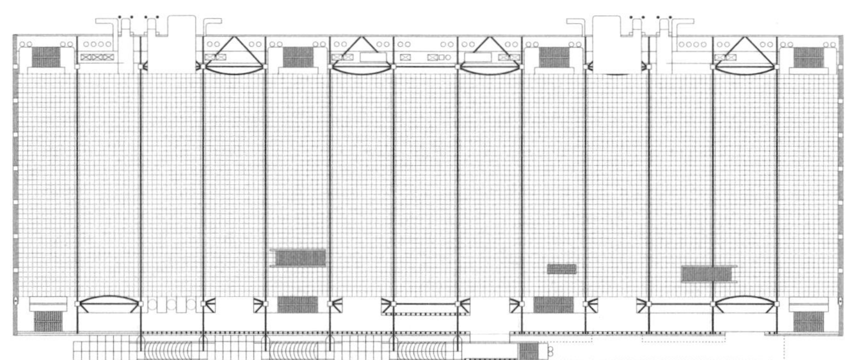

44 Centre Pompidou, Paris 1977, Renzo Piano und Richard Rogers

sei es im 20. Jahrhundert angekommen, erst dann habe es sich mit den großen Fortschritten seiner Zeit wirklich als gleichrangig erwiesen. Wenn sich die Bauten Le Corbusiers mit den Ozeandampfern der 20er Jahre vergleichen ließen, dann müssten sich die Bauten der 70er Jahre mit Mondraketen, Raumkapseln und Ölraffinerien vergleichen lassen. Das Centre Pompidou zeigt sich jedoch schon bei der Fertigstellung als architektonische Sackgasse, wenn auch als grandiose Sackgasse. Es ist kein Vorbild für die weitere Entwicklung, da man dieses Gebäude weder wiederholen noch übertrumpfen kann.

Warum ist dieses Gebäude dennoch als Ausnahme ein Erfolg? Das Gebäude ist auf seine Art authentisch, es wurde mit großem Enthusiasmus entworfen und man spürt heute noch die Freude an der Erfindung, man spürt die Hingabe und die Ernsthaftigkeit, mit der die Ideen umgesetzt wurden. Das Centre Pompidou ist eine erfolgreiche Gegenposition zum *elitären* Museum, zum Kunst*tempel*. Ein zentraler Gedanke des Gebäudes ist es, Hemmschwellen abzubauen und möglichst vielen Menschen aus allen Bevölkerungsschichten den Zugang zum Museum zu erleichtern. Es will ein Kulturzentrum sein, ein Forum in *einem* Gebäude. Es gibt nicht nur Räume für die moderne Kunst, sondern auch eine Bibliothek, ein Zentrum für zeitgenössische Musik, Arbeitsräume für Kinder, ein Kino, und nicht zuletzt Theaterräume und Vortragssäle.

Es lässt sich bezweifeln, ob das Berliner Kulturforum wirklich den Namen Forum verdient, denn es besteht nur aus einer Ansammlung von disparaten Außenräumen und isolierten Bauten. Im Centre Pompidou hingegen lässt sich ohne weiteres die Realisierung einer modernen Version des Forumgedankens entdecken. Es ist jedoch deutlich, dass man nicht viel weiter hätte gehen können. Das Centre Pompidou markiert einen Endpunkt und auch eine Wende gegen Ende des 20. Jahrhunderts. Archigram, die Metabolisten und die Architekten des Centre Pompidou glauben an die Zukunft, und es ist nicht abwegig anzunehmen, dass sie den vormodernen Traditionen misstrauen. Spürbar ändert sich dies gegen Ende der 70er Jahre.

In diesem Zusammenhang lohnt sich die Beschäftigung mit drei Museumsbauten des Architekten Louis Kahn, da sie eine Wende aufzeigen. Eingeleitet wird diese von Vertretern der zweiten Generation, die nicht mehr an den Mythos des Originellen glaubt. Kahns erstes Museum, die Kunstgalerie an der Yale-Universität **(Abb. 45)** aus dem Jahr 1953, zeigt

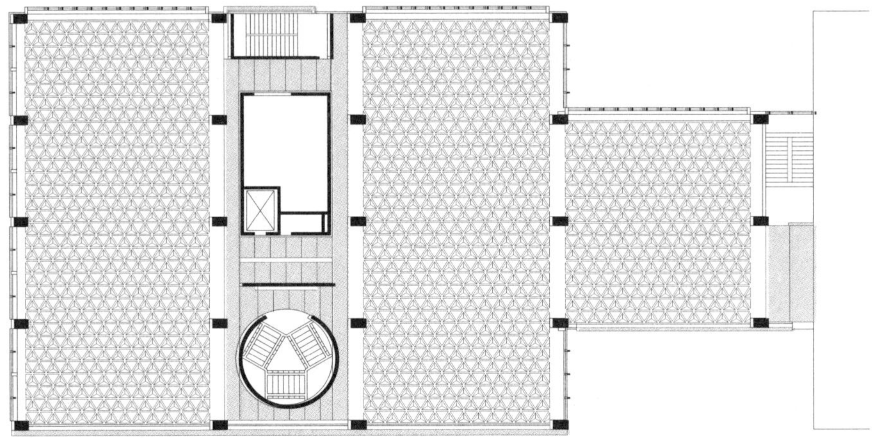

45 Kunstgalerie an der Yale-Universität, New Haven 1953, Louis Kahn

eine ungewöhnliche Grundrissaufteilung. Zu dieser Zeit ist der Architekt noch von der Idee des flexiblen Raumes überzeugt, doch entwirft er hier kein Rechteck- oder Quadratraster, um die Versorgungsdecke zu gliedern, sondern ein komplexeres, engmaschiges Dreiecksraster, das dem Raum einen eigenen Charakter verleiht. Auch versucht er nicht, die Nebenräume ganz aus den Weg zu schaffen, sondern er benutzt sie für eine Gliederung des großen Raums. Fast ist es so, als würde er dem einen großen flexiblen Raum nicht ganz trauen.

Ein Vorgang, vier Jahre nach der Eröffnung dieses Museums, muss für Kahn sehr schmerzlich gewesen sein. Kahns Kollege an der Yale-Universität, Vincent Scully, erzählt, dass der erste Direktor des Museums sich sehr gut mit Kahn verstanden hatte, er liebte das Museum und war besonders glücklich über die Möglichkeiten der großen Räume. Kahn hatte auch immer ein Mitspracherecht bei wichtigen Entscheidungen oder Veränderungen. 1957 jedoch wurde ein neuer Direktor berufen, der die Qualitäten des Museums nicht schätzte, der sich stattdessen ein Museum wie das Museum of Modern Art in New York wünschte. Sehr zu Kahns Verdruss beauftragte er Paul Rudolph, den Museumsbau Kahns entsprechend umzugestalten. Paul Rudolph war ein bekannter Architekt und Kahns Kollege an der Architekturfakultät in Yale, trotzdem blieben ihm damals die eigentlichen Qualitäten des Gebäudes verschlossen. Er gab sein Bestes, es so umzugestalten, dass es dem Museum of Modern Arts in New York möglichst ähnlich wurde. Das ärgerte Kahn und veranlasste ihn, so oft beim Rektor der Universität zu protestieren, dass er schließlich Hausverbot erhielt.

Laut Scully wirft die ganze Angelegenheit einen dunklen Schatten auf die Beziehung der beiden Architekten, für Kahn scheint dies jedoch eine wichtige Erfahrung gewesen zu sein, denn er bemerkte eines Tages zu Scully, dass es von Anfang an ein Fehler gewesen sei, die Räume als große flexible Räume zu gestalten. „Das nächste Mal, wenn ich wieder ein Museum entwerfe“ soll er gesagt haben, „werde ich den Raum in kleinere Einheiten aufteilen.“[32] Wie viele Architekten also, die zuerst den großen flexiblen Raum als Chance gesehen haben, wendet sich auch Kahn von diesem Konzept ab. Paul Rudolphs Intervention aber wird 2006 wieder rückgängig gemacht und heute sieht der Raum wieder so aus, wie Kahn ihn ursprünglich entworfen hatte.

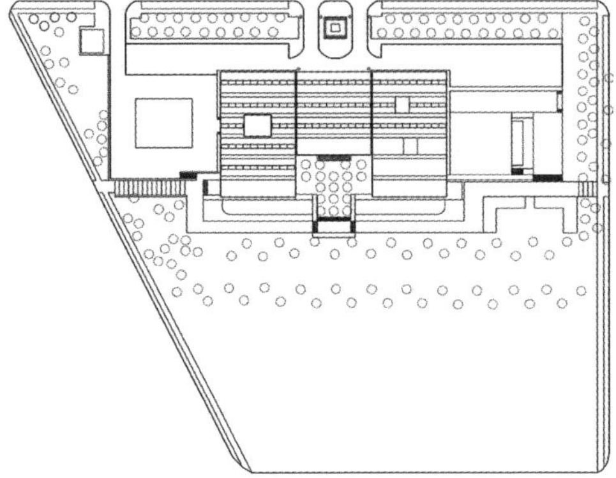

46 Kimbell-Kunstmuseum, Fort Worth, Texas 1972, Louis Kahn

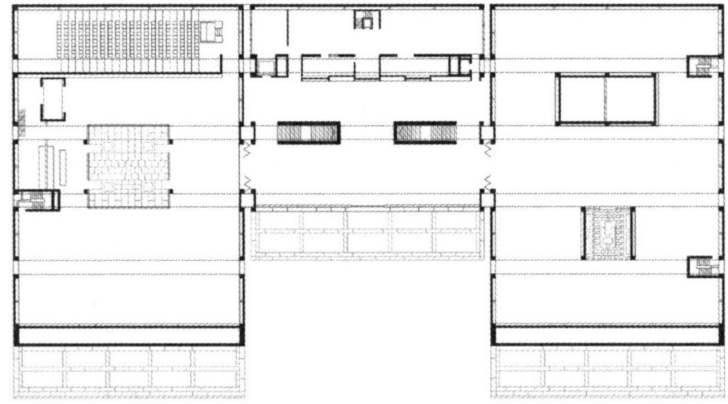

47 Kimbell-Kunstmuseum, Fort Worth, Texas 1972, Louis Kahn

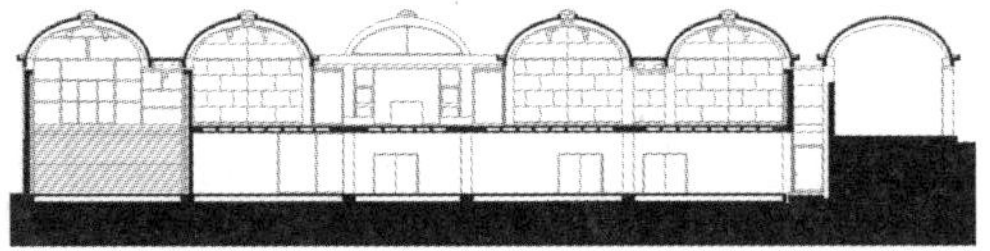

48 Kimbell-Kunstmuseum, Fort Worth, Texas 1972, Louis Kahn

Kahns nächster Auftrag für ein Museum ist das Kimbell-Kunstmuseum in Texas **(Abb. 46 bis 48)**. Hier kündigt sich Kahns Widerstand gegen den flexiblen Raum im Grundriss noch deutlicher an. Betrachtet man den Grundriss nur flüchtig, dann könnte man meinen, es gibt nur den einen großen Raum, in den viele kleinere Elemente nach Belieben eingefügt sind. Man hat den Eindruck, dass es keine feste Ordnung gibt, als ließen die Teile sich nach Belieben hin- und herschieben. Bei genauerer Betrachtung jedoch kann man drei große Räume unterscheiden, bei deren mittlerem sich eine etwas stärkere Gegenrichtung andeutet. Man erkennt auch im Grundriss sofort, wo sich der Eingang befindet – was sich bei modernen Bauten des 20. Jahrhunderts nicht von selbst versteht. In Louis Kahns Museum ist der Eingangsbereich so dominant, dass er droht, den Grundriss in zwei Hälften auseinanderzureißen. Das ändert sich jedoch beim Betreten des Gebäudes, da die Deckenstruktur eine Richtungsänderung um 90° vorgibt. Der Besucher, der den Eingangsbereich gerade als eigenständigen Raum erlebt hat, erfasst die drei Bereiche jetzt als einen großen zusammenhängenden Raum. Der Eingang zerschneidet den großen Raum, aber er zerstört ihn nicht.

Im Schnitt lässt sich auch erkennen, dass die Decke keine durchgängige Höhe hat. Es gibt Streifen, die als Tonnengewölbe ausgeformt sind, und es gibt niedrige, flache Decken. Die Tonnengewölbe führen ein verdecktes Oberlicht, die niedrigen Bereiche führen die Dachrinnen. Das ist jedoch vermutlich nicht der Hauptgrund für diese Aufteilung. Die Ausstellungsräume, die Ortsräume also, befinden sich größtenteils in den hohen Räumen unter den Tonnengewölben, und die Bewegungsräume befinden sich meist in den Streifen unter der niedrigen Decke. Eingestreut in diese dominante Ordnung sind Höfe, Treppen, der Empfangsraum und ein Buchladen. Diese Räume erfüllen zwar unterschiedliche Funktionen, sie haben jedoch alle dieselbe räumliche Aufgabe – sie widersetzen sich dem großen Raum und der Beliebigkeit des Streifenrasters. Wenn ich mich nicht ganz täusche, so stellen sie den großen flexiblen Raum in Frage, mit dem Kahn in Yale schlechte Erfahrungen gemacht hatte.

Kahn ändert seine Formensprache im Verlauf seiner späteren Karriere nicht wesentlich, doch korrigiert er seine anfänglichen Ideen zum offenen Raum. Im Yale Centre for British Art **(Abb. 49 und 50)** wendet sich Louis Kahn fast völlig vom offenen und flexiblen Raum ab und kehrt zum gefassten Raum zurück. Hier gibt es nur wenige Bereiche, die man als fließend

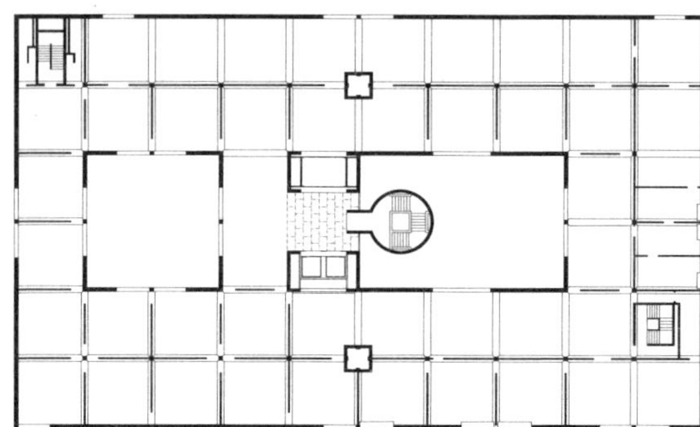

49 Yale Center für Britische Kunst an der Yale-University, New Haven, 1977, Louis Kahn

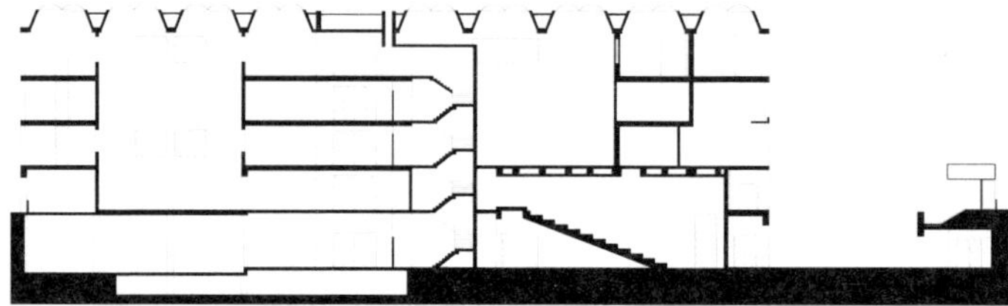

50 Yale Center für Britische Kunst an der Yale-University, New Haven, 1977, Louis Kahn

bezeichnen könnte, es gibt keinen großen Raum, in den kleinere Räume und Objekte eingefügt wären. Stattdessen haben wir es mit einem geordnetem Gewebe zu tun, in das sich große Sonderräume einschneiden. Die Hohlräume sind hier nicht wegen ihrer Form besondere Räume, sondern wegen ihrer Größe und ihrer Proportionen. Diese Räume sorgen dafür, dass sich die Besucher orientieren können und dass sie sich nicht im Gewebe der kleineren Räume verlieren.

Die drei Museumsentwürfe zeigen, dass Kahn, der zu Beginn seiner Karriere mit Überzeugung den offenen und flexiblen Raum propagiert, im Laufe der Zeit und mit zunehmender Erfahrung seine Meinung ändert und auch die Nachteile sieht. Kahn ist jedoch nicht der einzige Architekt, der zu dieser Zeit die Vorzüge des gefassten Raumes wiederentdeckt. Gegen Ende der 1970er Jahre besinnt man sich wieder auf die Architekturgeschichte der Vormoderne.

Für die zweite Generation hat Robert Venturis Buch *Komplexität und Widerspruch in der Architektur*[33] eine Wirkung, wie sie Le Corbusiers *Ausblick auf eine Architektur* aus dem Jahr 1922 auf die erste Generation gehabt hatte. Venturi nimmt eine Gegenposition zu Le Corbusier ein, doch nicht die eines Traditionalisten oder Romantikers, sondern die eines modernen Architekten, der den Verlust der Tradition spürt. Er stellt die Moderne keineswegs grundsätzlich in Frage, aber er wünscht sich eine Korrektur. Im Vorwort zu *Komplexität und Widerspruch* schreibt Vincent Scully: „Auf den ersten Blick scheint Venturis Standpunkt dem Le Corbusiers genau entgegengesetzt zu sein; aber auch eine erste und zwingende Ergänzung über die Zeit hinweg:"[34] Und während Le Corbusiers Buch die Ästhetik von Ozeandampfern, Autos, Flugzeugen und Silos rühmt, so stellt Venturis Buch eine freie, aber einfallsreiche Auseinandersetzung mit der europäischen Architektur der letzten 2.000 Jahre dar. Auch Aldo Rossis Buch *Die Architektur der Stadt* wirft einen freien und neuen Blick auf die Vergangenheit, und Colin Rowes *Collage City* übt eine äußerst scharfsinnige Kritik an der Moderne. Diese beiden Bücher treffen ebenfalls einen Nerv, denn die moderne Stadtplanung ist zu Beginn der 1970er Jahre in einem desolaten Zustand. Sie beschreiben eine Zeit, in der Tradition und Geschichte wieder in den Vordergrund gerückt werden. Der Unmut der zweiten Generation entsteht jedoch nicht erst in den 70er Jahren des 20. Jahrhunderts, sondern viel früher, nämlich mit einem der letzten Treffen des *Congrès Internationaux d'Architecture Moderne* (CIAM), das Le Corbusier seit den 20er Jahren in regelmäßigen Abständen organisiert hatte. 1953 bereits rebelliert eine junge Architektengruppe bei einem Treffen in Aix en Provence gegen die städtebaulichen Ideen Le Corbusiers, die in der Charta von Athen festgehalten sind: diese sind die räumliche Trennung von Arbeit, Wohnen, Verkehr, Sport und Erholung. Die jüngere Generation störte sich daran, dass alle Entwürfe, die diesen Kriterien folgten, identisch waren, und das Resultat nahm keine Rücksicht auf die besonderen Orte oder die besondere Situation.

Die Trennung der städtischen Funktionen bedeutete die Auflösung der alten Stadt. Le Corbusiers Moderne wurde nicht zufällig als Internationaler Stil bezeichnet. Gegen dessen Gleichförmigkeit nun protestieren die jüngeren Mitglieder von CIAM, die ihre Entwürfe in Zukunft aus der besonderen Situation entwickeln wollen. Das Resultat des Treffens in Aix-en-Provence ist die Auflösung von CIAM. Das Prinzip, dass jeder Entwurf die besondere Situation zu respektieren habe, führt zu einer neuen Gruppierung, die sich Team X nennt. Mitglieder der neuen Gruppe sind, unter anderen, Alison und Peter Smithson aus Großbritannien, Giancarlo de Carlo aus Italien, Aldo van Eyck aus Holland, Ralph Erskine aus Schweden und der junge deutsche Architekt Oswald Matthias Ungers, der zu jener Zeit 33 Jahre alt ist. Die Diskussionen, die in dieser Gruppe geführt werden, machen einen großen Eindruck auf Ungers. 1960 schreibt er zusammen mit Reinhard Gieselmann ein Manifest, in dem es heißt:

> „Architektur ist vitales Eindringen in eine vielschichtige, geheimnisvolle, gewachsene und geprägte Umwelt. Ihr schöpferischer Auftrag ist Sichtbarmachung der Aufgabe, Einordnung in das Vorhandene, Akzentsetzung und Überhöhung des Ortes. Sie ist immer wieder Erkennen des genius loci, aus dem sie erwächst."[35]

Die erste Generation betont das Neue. Die zweite Generation beginnt, den genius loci, also die Geschichte des Ortes, zu betonen. Zwei neue Wege eröffnen sich: Zum einen sucht man die neu entdeckte Auseinandersetzung mit der Geschichte *in* der alten Stadt und am alten Gebäude, und zwar in einer Art, welche die *Diskontinuität* und nicht die *Kontinuität* der Geschichte betont, zum anderen versucht man den Dialog mit der Geschichte hervorzurufen, wo es noch keinen gewachsenen Ort gibt, in dem man auf historische Vorbilder zurückgreift.

Obwohl sich Giorgio Grassis Entwurf für den Umbau des Castello Abbiategrasso **(Abb. 51)** aus dem Jahre 1970 grundsätzlich der Sprache des traditionellen Bauens bedient, also der Sprache der tragenden Wand und der Lochfassade, nicht aber jener der Stützen und Bandfenster, so lässt diese Ergänzung eines alten Gebäudes keinen homogenen Entwurf erkennen. Alt und Neu sind hier sichtbare Fragmente, die jedoch gestalterisch voneinander abhängig bleiben. Der Entwurf zeigt eine neue Auseinandersetzung mit der Geschichte, betont jedoch immer noch den Bruch. Immerhin: die erste Generation wollte noch diese Beziehung mit der tradierten Stadt und ihren Bauten nur selten zulassen, sie favorisiert das Bauen auf der grünen Wiese und im geschichtsfreien Raum. Die zweite Generation bevorzugt es, in der alten Stadt zu bauen. Die erste Generation meidet den Dialog mit der Geschichte, die zweite Generation sucht ihn. Die erste Generation ist bemüht, in sich geschlossene Bauten zu entwerfen, die keine fremden Zutaten tolerieren, die zweite Generation sucht das Fragmentarische, um das Dialogische in der Diskontinuität der Geschichte zu finden. Für die zweite Generation ist Diskontinuität nicht die Ausnahme, sondern der normale Gang der Geschichte.

Der zweite Weg ist der Versuch, einen Dialog mit der Geschichte hervorzurufen, wo es noch keinen gewachsenen Ort gibt – oder, wie am Kulturforum in Berlin, keiner mehr vorzufinden ist. Man strebt eine künstliche Fragmentierung im neuen Entwurf an. In dem Wettbewerbsbeitrag von Oswald Mathias Ungers für die Museen des Preußischen Kulturbesitzes am Kulturforum in Berlin aus dem Jahr 1965 **(Abb. 52)** besteht die Entwurfsabsicht darin, unterschiedliche erfundene fragmentarische Bauformen aneinanderzufügen, die uns an andere, schon bekannte Formen erinnern sollen – ungeachtet dessen, ob sie im Widerspruch zueinander stehen. Das Wettbewerbsgrundstück ergänzt einen Ort, an dem die erste Generation ihre Absichten schon deutlich zum Ausdruck gebracht hat. Auch Ungers Entwurf zeigt, wie die zweite Generation denkt und wie sie versucht, die erste Generation zu korrigieren. Die neue Nationalgalerie von Mies van der Rohe ist noch nicht fertiggestellt, da mischt sich die zweite Generation bereits mit einer neuen Idee ein. Statt einer weiteren Ikone schlägt Ungers ein Konglomerat vor, das sich aus bekannten Bautypen zusammensetzt. Man kennt diese Bauformen und Bautypen schon – man weiß nur nicht so genau woher. Ungers nennt seinen Entwurf eine „Assemblage" und zitiert damit einen Begriff aus der Bildenden Kunst, der ein Reservoir von bereits

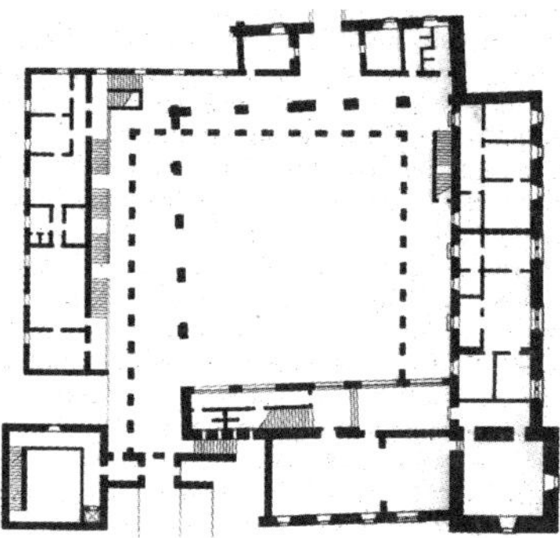

51 Entwurf für den Umbau des Castello Abbiategrasso 1970, Giorgio Grassi

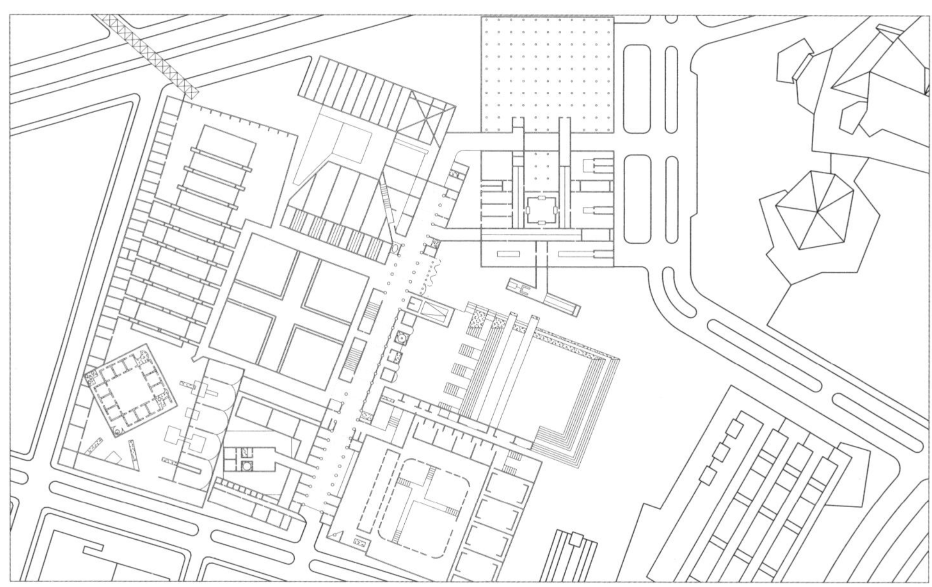

52 Wettbewerbsbeitrag für die Museen des Preußischen Kulturbesitzes, Kulturforum Berlin 1965, Oswald Mathias Ungers

geschaffenen Werken meint, aus dem sich durch Neukombinationen neue Sinnzusammenhänge erschließen.[36] Normalerweise streben Architekten homogene Entwürfe an, in denen alle Teile verwandt und harmonisch aufeinander bezogen sind, damit die Gesamtkomposition nicht durch fremd wirkende Teile gestört wird. Normalerweise also streben Architekten keine disparaten Entwürfe an. Das gilt wohl besonders für Zeiten, in denen ein neuer Stil sich zu behaupten versucht, doch die zweite Generation arbeitet anders. Das neue Werk soll den alten Kontext nicht ersetzen, man will sich mit ihm auseinandersetzen – nicht jedoch durch Nachahmung, sondern durch die Fügung ungleichartiger Teile. Ungers führt dazu aus: „Das Gebäude als Stückwerk, als ein aus mehreren unterschiedlichen Teilen zusammengefügtes ‚uneinheitliches' Objekt, ist – historisch gesehen – nicht ungewöhnlich" [37]

Als Produkt der Geschichte können wir ein solches Resultat annehmen, als gestalterische Absicht erscheint es uns willkürlich und gekünstelt. Das gilt jedoch nur für gewisse Zeiten, denn auch hier gibt es zumindest ein Beispiel, das Architekten bis heute fasziniert: der römische Kaiser Hadrian lässt sich im 2. Jahrhundert in Tivoli eine Sommerresidenz bauen, die sich aus erinnerten Bauten zusammensetzt, aus Versatzstücken, die er auf seinen vielen Reisen in Griechenland und Ägypten gesehen hatte. Ungers kennt dieses Beispiel und er zitiert es oft.[38] Die Villa Hadriana dient ihm als Beispiel für eine Arbeitsweise, die sich sehr stark von der Arbeitsweise der ersten Generation absetzt. Hier ist der Begriff Assemblage sinnvoll, und hilfreicher im Übrigen als der Begriff des Eklektizismus, denn er steht dafür, dass man nicht allein eine bekannte Form zitiert, sondern dass mehrere bekannte, jedoch nicht verwandte Formen aufeinander bezogen werden.

Beide Strategien, die von Giorgio Grassi sowie die von Oswald Mathias Ungers, stellen die Arbeitsweise der ersten Generation in Frage. Die zweite Generation wendet sich ab von der Stadt der Solitäre, die ikonenhaft, beziehungsunfähig auf der grünen Wiese im geschichtsfreien Raum stehen. Das Ergebnis dieser Arbeitsweise ist die dichte Stadt, die Stadt des historischen Durcheinanders und der Widersprüche. Anders als die späteren postmodernen Architekten arbeitet Ungers abstrakt – auch dort, wo er sich auf tradierte Formen bezieht. Man sieht keine direkten Abbildungen von Bauten, die es schon in der Geschichte gab, sondern erinnerte Formen, die über eine künstliche Diskontinuität, Vielfalt und durch künstlichen Widerspruch den

Dialog mit der Geschichte finden. Der Entwurf kritisiert auch das, was unmittelbar vorher geschehen ist: er stellt die Ausschließlichkeit der ersten Generation in Frage und ihren Unwillen, sich mit der Geschichte und der alten Stadt zu arrangieren. Das Thema der Assemblage kann nur von der zweiten Generation vorgeschlagen werden, die ein anderes Verhältnis zur Geschichte entwickelt als die erste. Giorgio Grassis Entwurf verfolgt dieses Ziel wie auch der von Oswald Matthias Ungers. Es bleiben jedoch zwei unterschiedliche Strategien. Es wird sich zeigen, dass jener Weg der nachhaltigere sein wird, dem Giorgio Grassi mit seinem Entwurf folgt.

Gegen Ende der 1960er Jahre löst sich die Gruppe Team X auf und es entstehen neue Strömungen. Zwei dieser Strömungen werden unter dem Begriff *Brutalismus* und dem des *Strukturalismus* bekannt. Ungers frühe Arbeit kann man beiden Strömungen zuordnen. Es gibt jedoch einen großen Unterschied zu den Arbeiten der holländischen Strukturalisten Hermann Herzberger und Aldo van Eyck. Herzbergers Entwürfe betonen die Struktur und negieren den städtischen Raum, den Ungers Entwürfe deutlich betonen. Aus diesem Grund vermutlich löst sich Ungers von Team X und verbündet sich mit den italienischen Rationalisten, Giorgio Grassi und Aldo Rossi. Aldo Rossi hatte zu der Zeit sein Buch *Die Architektur der Stadt*[39] publiziert, zugleich ein Loblied auf die alte Stadt und eine Kritik an der Moderne, die, wie er ausführt, zu einem naiven Funktionalismus verkümmert sei. Architekten wie Ungers, Rossi und Grassi ziehen ihre schöpferische Kraft nicht nur aus den Raumprinzipien, den Formen und Proportionen der alten Stadt, sondern auch aus den zeitlichen Überlagerungen von Alt und Neu und deren Versöhnung.

Obwohl die maßgeblichen Architekten der zweiten Generation großen Einfluss auf die Architekturdiskussionen der Zeit hatten, so haben sie wenig Einfluss auf den größten Teil der gebauten Umwelt. Eine große Mehrheit der Architekten dieser Zeit wird deren kritische Reflexion nicht verinnerlichen, falls sie überhaupt Notiz davon nehmen. Für sie ist das Thema der Konversion und der Überlagerung von historisch Gewachsenem und Neuem fremd, da sie beginnen, die Stadt nurmehr als Ansammlung von Einzelobjekten aufzufassen. Die Stadt der fünfziger, sechziger und siebziger Jahre verwandelt sich folglich in ein Nebeneinander von objektbezogenen Bauten, denen der verbindende Kontext fehlt. Die Verkehrsplaner tun das Übrige, indem sie die architektonischen und stadträumlichen Belange vollständig ignorieren. Diese Misere erreicht um 1975 ihren Höhepunkt:

die alte Stadt ist zerrissen und unwirtlich geworden. Die Gruppe, die sich schon 1953 gegen die erste Generation aufgelehnt hatte, kommt nun zu Wort. Die zweite Generation will in der alten Stadt bauen, und vor allem will sie weniger abreißen. Sie findet Gefallen an dem Gedanken, alte Bauten umzunutzen, sie entdeckt nicht nur den gefassten Raum wieder, sie bevorzugt auch die Stadt als Ort des Geschehens.

Bevor wir uns weiter mit den wortgewaltigen Architekten der zweiten Generation beschäftigen, möchte ich mich mit einem Museum befassen, dessen Architekt abseits der größeren Ströme arbeitet. Es handelt sich um das Museum Castelvecchio in Verona von Carlo Scarpa **(Abb. 53 bis 55)**. Scarpa erregt kein großes Aufsehen durch legendäre Treffen, oppositionelle Handlungen oder Manifeste. Er lässt sich keiner Schule zuordnen und man wird auf ihn erst aufmerksam, seit die Zeit reif für seine Arbeiten scheint. Während ein Teil der zweiten Generation gegen die erste Generation polemische Attacken reitet, setzt Carlo Scarpa ohne große Worte neue Maßstäbe. In seiner Arbeit wird eine dialogische Auseinandersetzung mit dem Altbau kenntlich; die Erneuerungen verbinden sich im Kontrast mit der alten Bausubstanz. Alt und Neu bleiben sichtbar und profitieren davon, dass sie sich unterscheiden. Obwohl das Neue nicht im Alten aufgeht – es bleibt erkennbar neu – so versucht Scarpa nicht das Alte auszulöschen, zu negieren oder zu übertrumpfen.

Was jedoch bedeutet diese Entwicklung für den Museumsbau? Die Moderne hatte einen geschichtslosen und neutralen weißen Ausstellungsraum angestrebt. Die Umnutzung eines alten Kastells zu einem modernen Museum stellt den Architekten 1956 vor das Problem, entweder die alte Hülle komplett im Sinne der Moderne zu überformen und den Charakter des alten Gebäudes zu verlieren oder eine Korrektur der Moderne einzuleiten. Scarpa entscheidet sich für den zweiten Weg. Er schlägt sogar Kapital aus der Tatsache, dass die Räume eine eigene historisch aufgeladene Präsenz haben. Im Museum Castelvecchio erfindet Scarpa vermittelnde Ausstellungselemente, die, ähnlich einem Passepartout, die Betrachtung von der historischen Raumfassung ablenken und die Ausstellungsstücke in die Räume einpassen. Diese Elemente geben den ausgestellten Stücken Halt.

Betrachtet man die Art und Weise, wie die Figuren arrangiert und ausgestellt sind **(Abb. 54)**, dann entdeckt man nicht nur einen für die Zeit sehr virtuosen Umgang mit Alt und Neu, man erkennt vor allem eine meisterhaft gelungene Verteilung der Kunstwerke im Raum. Einen entscheiden-

53 Museum Castelvecchio, Verona 1964, Carlo Scarpa

54 Museum Castelvecchio, Verona 1964, Carlo Scarpa

den Beitrag leisten die Sockel, auf denen die Figuren postiert sind. Auch darin, dass er nicht auf den Sockel verzichtet, wie dies die frühe Moderne verlangte, agiert Scarpa wiederum als Außenseiter. Man kann fragen, ob es zeitgemäß ist, im 20. Jahrhundert, dem Zeitalter der Demokratie, Skulpturen auf einen Sockel zu stellen. Es finden sich auch andere Vertreter der zweiten Generation, die sich mit dieser Frage wieder differenziert auseinandersetzen: so der Architekt und Schriftsteller Max Frisch:

> „Es gibt eine Gruppe von Rodin, die bekannten Bürger von Calais, die ohne Sockel gedacht waren; die Absicht bestand offensichtlich darin, dass man das Bild, das jene opfermütigen Bürger von Calais zeigt, als Vorbild hineintragen möchte in den Alltag, indem man es auf den gleichen Boden stellt wie die Lebenden, die ihm folgen sollen, auf dem Pflaster eines öffentlichen Platzes. Das ist ein Sonderfall, der eben dadurch, dass er den Sockel vermeiden wollte, in seiner Weise bezeugt, wie wirksam und wichtig diese Einrichtung ist."[40]

Heute werden die zahlreichen Nachbildungen des Kunstwerks, das nie einen Sockel hätte haben sollen, stets auf Sockeln präsentiert, wahrscheinlich schon weil es von Rodin ist, doch das verfälscht die ursprüngliche Absicht. Frischs Begründung zeigt aber auch, dass er an die Wirksamkeit des Sockels glaubt. Seine Botschaft lautet, dass man nicht per se auf den Sockel verzichten sollte. Er beginnt mit der Beobachtung: „Immer geht es um die Trennung von Bild und Natur."[41] In einer früheren Passage führt er über die wohl vergleichbare Funktion von Bilderrahmen aus:

> „Warum werden Bilder denn gerahmt? Warum wirken sie anders, wenn wir sie aus dem Rahmen lösen? Sie wirken anders, weil sie sich dann nicht mehr von den Zufällen der Umgebung abheben; sie sind, einmal ohne Rahmen, plötzlich nicht mehr sicher; sie beruhen nicht mehr auf sich allein; man hat die Empfindung, sie fallen auseinander, und man ist etwas enttäuscht: sie scheinen schlechter, plötzlich, nämlich schlechter als sie sind. Der Rahmen, wenn er da ist, löst sie aus der Natur; er ist ein Fenster nach einem ganz anderen Raum, ein Fenster nach dem Geist, wo die Blume, die gemalte, nicht mehr eine Blume ist, welche welkt, sondern die Deutung aller Blumen. Der Rahmen stellt sie außer der Zeit.

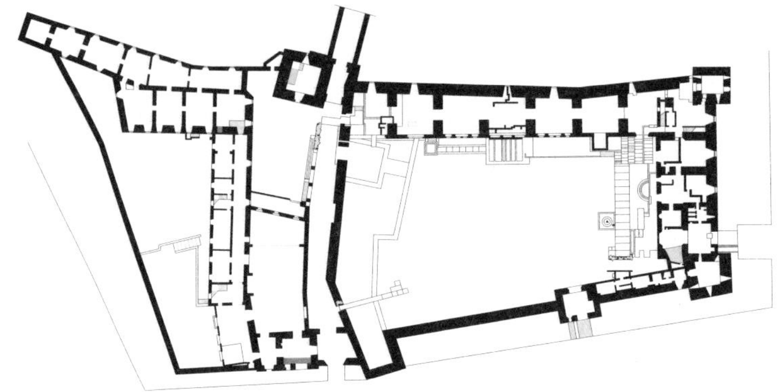

55 Museum Castelvecchio, Verona 1964, Carlo Scarpa

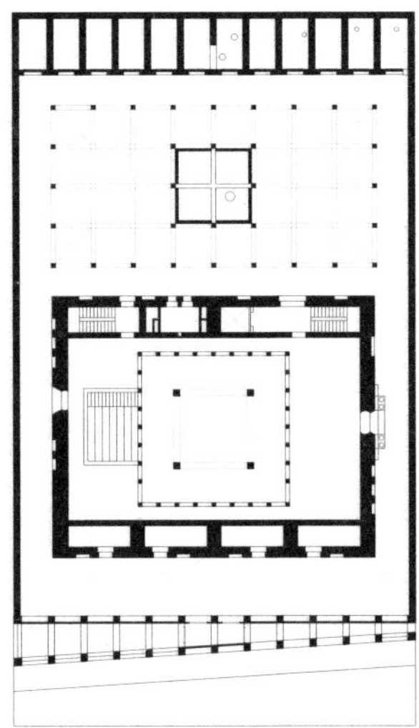

56 Deutsches Architekturmuseum, Frankfurt am Main 1984, Oswald Mathias Ungers

> Insofern ist es ein ungeheurer Unterschied zwischen der Fläche, die innerhalb eines Rahmens liegt, und der Fläche überhaupt, die endlos ist. Gewiss wären es üble Maler, die darauf vertrauen, dass sie es mit dem Rahmen retten könnten; gemeint ist nicht, dass alles, nur weil es innerhalb eines Rahmens stattfindet, die Bedeutung eines Sinnbildes bekomme; aber es bekommt, ob es will oder nicht, den Anspruch auf solche Bedeutung."[42]

Dass Scarpa alte Figuren auf neue Sockel stellt, scheint also folgerichtig zu sein, denn im Museum Castelvecchio in Verona sind keine Abbildungen von normalen Bürgern zu sehen, sondern Heiligenfiguren, die profaniert erscheinen würden, hätte man sie auf den Boden gestellt. Man muss nicht religiös sein, um zu verstehen, dass diese Figuren einen Sockel benötigen. Man wäre gern Zeuge gewesen, als Scarpa diese Entscheidungen traf.

Es gab andere Architekten, die Scarpas Vorbild folgten, z. B. Karljosef Schlattner in Deutschland (Diözesanmuseum, Eichstätt 1982), Guido Canali in Italien (Nationalgalerie im Palazzo della Pilotta, Parma, 1986) oder Roland Simounet in Frankreich (Picasso Museum, Paris, 1985). Auch ihre Konversionen zeigen, dass man ab jetzt lieber umbaut als neu baut, selbst dort, wo es kompliziert wird und unter Umständen mehr kostet als ein Neubau. Die zweite Generation will die alte Stadt vor weiteren Zerstörungen bewahren – und sie will den Dialog mit der Geschichte in Gang bringen. Und welch überzeugendere Nutzung ließe sich für alte Schlösser und alte Palazzi mit ihrem Überangebot an Räumen denken denn als ein Museum? Es ist also kein Zufall, dass zu dieser Zeit imposante alte Gebäude vor der Verwahrlosung gerettet werden, indem man sie in öffentliche Einrichtungen umwandelt.

Auch Oswald Mathias Ungers realisiert seinen ersten Museumsentwurf in einem Altbau **(Abb. 56)**. Sein Entwurf ist kein Umbau im Sinne einer Rekonstruktion oder einer einfachen Umnutzung. Man müsste hier eher von einer Dekonstruktion sprechen als von einer Rekonstruktion, denn er deutet die alte innere Struktur des Gebäudes ganz um – nicht etwa, um die Geschichte des Gebäudes nahtlos weiterzuerzählen, sondern um eine Idee zum Ausdruck zu bringen, mit der er sich ab jetzt in vielen seiner Bauten beschäftigt: der Idee vom Haus im Haus. Ungers Entwurf ist mehr Manifest als Museum, es ist die *Demonstration* einer Idee. Ungers will nicht nur zeigen, dass ihm die alte Stadt wichtig ist, er will betonen, dass er ein

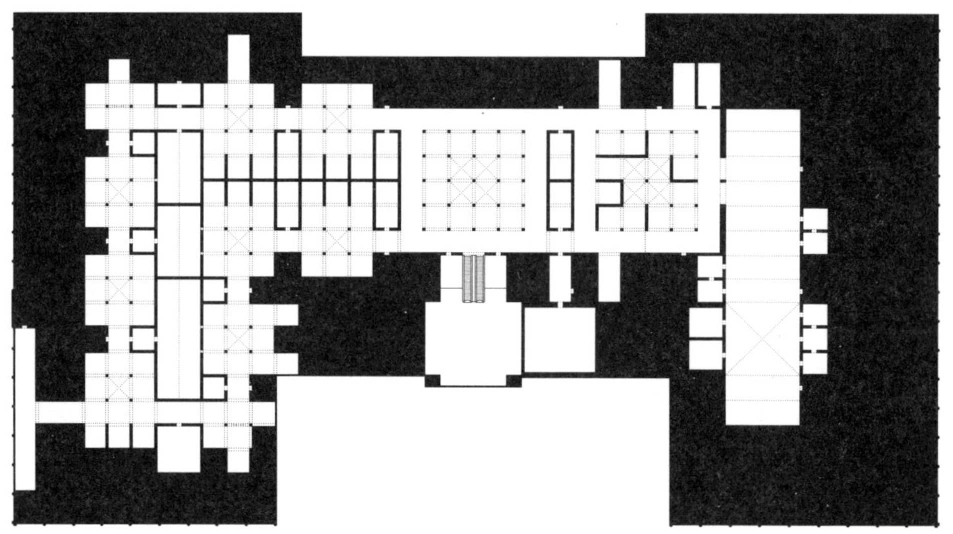

57 Temporäres Museum „Westkunst", Messehalle Köln-Deutz 1981", Oswald Mathias Ungers

wichtiges Raumprinzip in den alten Gemäuern der alten Gebäude wiederentdeckt, ein Raumprinzip, das am besten mit Hilfe des gefassten Raumes zum Ausdruck gebracht werden kann. Hatte sich die erste Generation mit den Möglichkeiten des fließenden Raumes auseinandergesetzt, so erkennt die zweite und dritte Generation die Verluste, die mit dieser Entwicklung einhergehen. Der gefasste Raum ist jedoch ein wichtiges Grundmotiv der alten Stadt. Will die Moderne also den Anschluss an die Räume der alten Stadt wiederherstellen, so muss man sich erneut mit dem gefassten Raum, vor allem seinen Prinzipien und Themen auseinandersetzen. Damit steht mehr als nur eine Korrektur der Moderne an, denn dies kommt einer Wiederentdeckung gleich. Für Ungers ist das *Haus im Haus*-Thema ein so wichtiges Anliegen, dass man meinen könnte, er habe es gerade erfunden, doch ist es, wie er selbst ausführt, ein uraltes Thema der Architektur, denn fast jeder alte Kirchengrundriss zeige ein Haus im Haus:

> „Das Thema der Puppe in der Puppe – um es in einem anderen Bild auszudrücken – vom russischen Osterei, beschreibt ein Phänomen, das in anderen Bereichen, zum Beispiel in der Psychologie, eine Rolle spielt und keineswegs auf die Architektur beschränkt ist. Es läßt sich vieles unter diesem Konzept sehen und sowohl bildlich als auch geistig darin einordnen. Das Faszinierende dieses Phänomens liegt in der Vorstellung, daß es eine Fortsetzung beinhaltet, die nicht zu Ende gedacht werden kann. Das immer wiederkehrende Objekt im Objekt beschreibt eine Folge, die theoretisch unendlich weitergehen kann, ein fortlaufender Prozess, der logisch nicht mehr erfaßbar ist. Auf die Architektur bezogen, läßt sich eine Reihe von räumlichen Zusammenhängen unter diesem Konzept zusammenfassen. Im weitesten Sinne ist jedes Stadtgebilde, das durch eine Umfassungsmauer von der umgebenden Landschaft getrennt ist, phänomenologisch gesehen ein Objekt im Objekt."[43]

Ungers hat das Thema also nicht neu entdeckt oder erfunden, sondern er hat es auf der Suche nach dem gefassten Raum wiederentdeckt.

Auch das Temporäre Museum für die Westkunst-Ausstellung in Köln 1981 zeigt eine originelle Auseinandersetzung mit dem gefassten Raum **(Abb. 57)**. Die Ausstellungsräume sind in eine Messehalle eingebaut. In diesem Entwurf muss sich Ungers über vieles keine Gedanken machen: weder über den Städtebau noch um einen Zusammenhang zwischen Innen und Außen, weder um natürliche Beleuchtung noch um eine Beziehung zu einer wertvollen Altbausubstanz. Dafür gibt es hinreichend Zwang durch ein vorhandenes quadratisches Stützenraster im Abstand von 6 Metern. Der Grundriss für das temporäre Museum ist der Versuch, dieses einfache Raster in eine sinnvolle und komplexe Raumstruktur zu verwandeln. Dabei ist Ungers Anliegen ein sehr elementares Raumthema im Museumsbau, die Beziehung nämlich zwischen dem einen großen Rundgang und den einzelnen ruhenden Ausstellungsräumen möglichst eng miteinander zu verknüpfen. Der Grundriss zeigt eine ausgewogene Komposition, ein harmonisches Geflecht unterschiedlicher Raumtypen, die stark aneinander gekettet sind, und man möchte wissen, wie dieser starke Zusammenhalt bei so viel Variation zustande kommt. Welches Prinzip der Raumkomposition steckt dahinter? Bei genauerem Hinsehen fällt auf, dass es ein Grundmodul gibt, ein Raummodul, das sich stets wiederholt. Thema ist nicht das Raster, sondern ein Stützenraum, und am häufigsten tritt ein Vierstützenraum als Grundmodul auf. In der linken Hälfte des Grundrisses wird er so eingesetzt, dass die Mitte des Raumes zum Rundgang gehört; zwei äußere Bereiche des Vierstützenraumes sind die ruhenden Bereiche, die Ausstellungsnischen. Damit erfüllt der Entwurf die beiden elementarsten Anforderungen, die an einen Museumsraum gestellt sind: das Miteinander von Bewegungs- und Ortsräumen. Das Grundmodul enthält beide. Darüber hinaus übernimmt das Grundmodul die Aufgabe, die unterschiedlichen Raumtypen, die ein Museumsprogramm fordert, räumlich zu fügen. Dieser Grundriss demonstriert, dass Raumvielfalt nicht durch Formvielfalt zustande kommen muss, sondern sie ergibt sich auch durch Variation. Diese setzt ein konstantes Thema voraus, das in diesem Fall der Stützenraum ist. Dieser wiederum tritt am häufigsten als Vierstützen-, aber gelegentlich auch als Ein-Stützenraum auf, auch als Zwei-Stützenraum und am Eingang einmal als 25-Stützenraum. Zweimal variiert Ungers den Bewegungsraum; einmal verlegt er ihn nicht in die Mitte des Vierstützenraums, sondern außerhalb der vier Stützen. Ungers variiert auch die Art, den Stützenraum zu erweitern. Einmal ist die Nische breit, dann wieder schmal, einmal ist sie tief, dann wiederum nicht. Ungers sucht die Vielfalt durch Variation und nicht durch Veränderung seines Grundthemas. Die Verkettung der Teile funktioniert auch deshalb so gut, weil die einzelnen Teile immer gleichbleiben – sie entwickeln keine Eigenpräsenz. Ungers spielt die Eigenpräsenz der Räume und Bauteile stets herunter und verfolgt damit zwei Absichten: zum einen werden die Räume und Bauteile dadurch stark aneinandergebunden, zum anderen schafft Abstraktion Mehrdeutigkeit und mehrdeutige Teile lassen sich einfacher transformieren. Das Prinzip der Transformation erlaubt ihm, auf unterschiedliche Nutzungsanforderungen einzugehen, ohne dabei das Grundmodul und den Raumzusammenhang auseinanderreißen zu müssen. Zu dieser Zeit gebraucht Ungers häufig, wenn er über die Transformation spricht, den Begriff der Morphologie, der eine Verformung bezeichnet, die den Grundtypus oder die Ursprungsform immer wieder erkennen lässt. Schon sein Museumsentwurf für Schloss Morsbroich aus dem Jahr 1975 stützt sich auf das Prinzip der Transformation. Grundriss und Schnitt zeigen einen Raumtypus, der sich in mehreren Schritten von einem geschlossenen Raum zum offenen Raum verwandelt.

In diese Zeit (1977/82) fällt der Entwurf für die Staatsgalerie in Stuttgart von James Stirling **(Abb. 58 bis 60)**. Auch Stirlings Entwurf hat ein Hauptthema: er entwirft einen öffentlichen Weg, der durch das Museum führt und zwei Stadtteile miteinander verbindet. Der Weg besitzt alle wichtigen räumlichen Eigenschaften, die man der alten Stadt der gefassten Räume zuschreiben kann, da er wieder mit unterschiedlichen Raumtypen arbeitet, nämlich einer Rotunde und einer Gasse. Das sind Räume, die der Moderne fremd geworden sind. Stirlings Skizzen zum Entwurf erwecken den Eindruck, dass die Stadt wichtiger sei als das Museum. Der Entwurf ist jedoch auch im direkten Vergleich mit jenen von Oswald Mathias Ungers aufschlussreich, denn Ungers und Stirling verfolgen ähnliche Ziele, wenn auch mit unterschiedlichen Strategien. Auch Stirlings Entwurf zeigt Wiederholungen, Reihungen, Überlappungen und Transformationen. Im Gegensatz zu Ungers jedoch strebt Stirling eine hohe Eigenpräsenz der einzelnen Bauteile und der einzelnen Räume an. Er geht nicht von einem Grundtypus aus, sondern arbeitet mit mehreren Grundtypen gleichzeitig. Das Raumgefüge scheint zunächst nicht so fest gefügt wie bei Ungers, doch der erste Eindruck täuscht, und man möchte auch hier wissen, wie Stirling eine bloße Addition der unterschiedlichen Raumtypen und Raumformen vermieden hat, wie er die unterschiedlichen Räume gebunden hat, damit ein zusammenhängendes Raumgefüge zustande kommt. Hier könnte Robert Venturis Buch *Komplexität und Widerspruch*

58 und **59** Neue Staatsgalerie, Stuttgart 1982, James Stirling

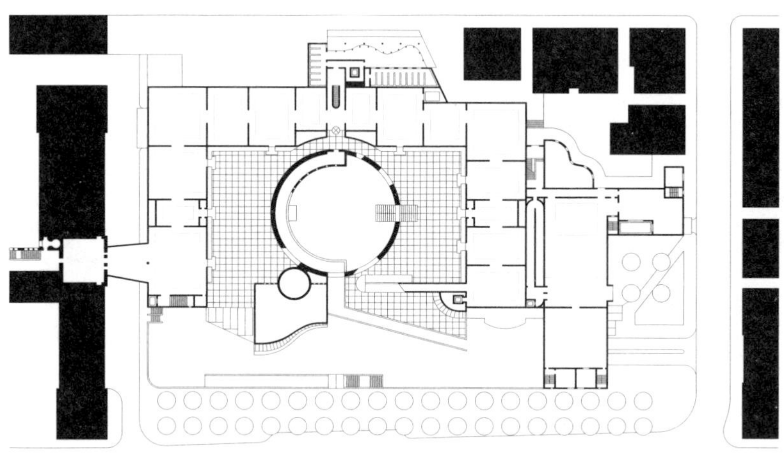

60 Neue Staatsgalerie, Stuttgart 1982, James Stirling

in der Architektur hilfreich sein, das einige Phänomene beschreibt, die in Stirlings Gebäuden wiederzufinden sind. Es sind Stilmerkmale, die in den manieristischen Phasen der Baugeschichte oft angewandt wurden: Übertreibung und unvermitteltes Nebeneinander von Gegensätzen, auch Maßstabsverzerrungen gehören zum Beispiel hierzu. Wer so arbeitet, neigt dazu, die Eigenpräsenz der einzelnen Teile zu betonen. Die leichten Vordächer über den Außentüren haben übertrieben große Aufhängungen, sie könnten vermutlich zehn dieser Glasdächer tragen **(Abb. 59)**. In einem Ausstellungsraum ist der Kopf einer Stütze größer als statisch notwendig; abgesehen davon, dass er ohnehin in der Decke hätte verschwinden können **(Abb. 60)**. Der runde Stützenkopf liegt neben einem runden Oberlicht. Die enge Nachbarschaft zwischen einem überdimensionierten, schweren tragenden Teil und einem Ausschnitt in der Decke unterstreicht die Abhängigkeit der beiden Elemente voneinander. Beide Teile ähneln sich in der Form, und doch sind sie Gegensätze, da das eine schwer und gegenständlich und das andere leicht und körperlos erscheint. Eine Aufhängung oder eine Stütze, die demonstriert, dass sie überdimensioniert ist, steht im unmittelbaren Dialog mit einem übertrieben leichten Dach oder einer aufgelösten Decke, die sie tragen soll. Die Teile verweisen ostentativ aufeinander, und es entsteht ein ungewöhnliches Gefüge von formalen Abhängigkeiten.

Damit wird eine Frage aufgeworfen, die für das Museum nicht unwichtig ist: darf die persönliche Handschrift, in der sich die Eigenpräsenz der Teile ausdrückt, so dominant sein, dass sie beginnt, die ausgestellte Kunst in den Schatten zu stellen? Stirling wusste stilsicher, wo er zurückhaltend zu agieren hatte. In vielen Fällen jedoch kehrt sich zu dieser Zeit der Dialog mit der Geschichte in eine Parodie der Geschichte um. Das betrifft besonders Museen der Postmoderne, die oft eine aufdringliche Präsenz entwickeln. Sie bieten dann keinen neutralen Hintergrund für die Kunst, und sie stellen ihren Gestaltungswillen zu stark in den Vordergrund. Wenn man den Frust der Künstler zu dieser Zeit nachvollziehen möchte, dann wird man nicht in Verlegenheit kommen, Texte zu finden, die eine scharfe und bittere Anklage an Architekten sind:

> „Formen um ihrer selbst willen, die die Funktionen ignorieren, sind lächerlich. Der Grund, warum Kunstmuseen bei Architekten so beliebt und so bizarr gebaut sind ist, dass Architekten offen-

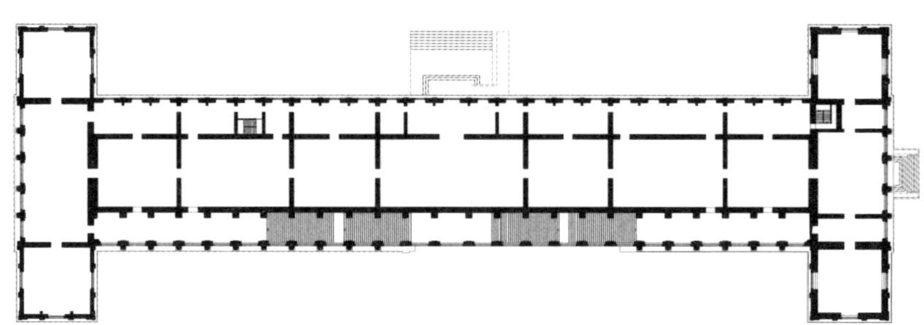

61 Alte Pinakothek, München 1836, Leo von Klenze, Rekonstruktion 1956, Hans Döllgast

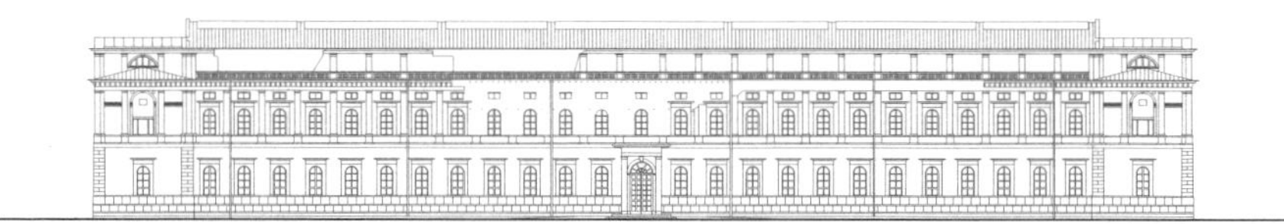

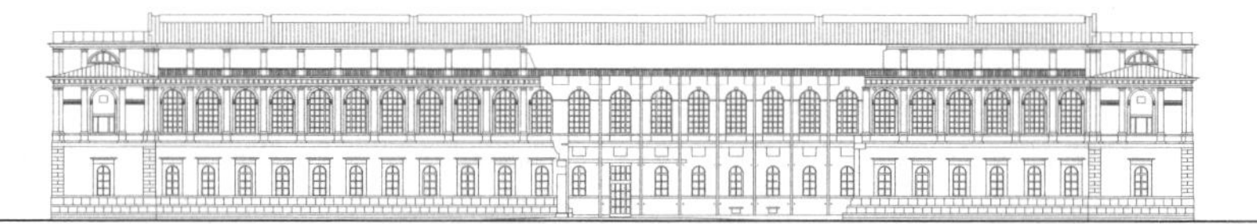

62 Alte Pinakothek, München 1836, Leo von Klenze, Rekonstruktion 1956, Hans Döllgast

sichtlich glauben, diese hätten keine Funktion. Auch ihre Auftraggeber denken so, denn für sie hat Kunst keine Bedeutung. Museen sind zu einem übertriebenen, verzerrten und leeren Ausdruck von Architekten geworden, die meist zu echtem *Ausdruck* nicht fähig sind. Die einzigen anständigen Museen, die ich gesehen habe, sind von Louis Kahn."[44]

„Alle diese Museen sind oft schöne bemerkenswerte Bauwerke, aber wie jede Kunst der anderen Kunst feindlich gegenüberstehend. Sie geben dem einfachen, unschuldigen Bild, der einfachen, unschuldigen Plastik keine Chance, nein, sie gebären eine eigene, laute Raumfüllmaschinerie, die im Dekorativen, wie im Pädagogischen ihre Heimat hat."[45]

Die Zeit ist wieder reif für eine Veränderung, denn Mitte der 1980er Jahre wächst eine neue Generation heran, die der üppigen Formen und der historischen Zitate überdrüssig wird. Dass an dieser Stelle die von Hans Döllgast in den 1950er Jahren rekonstruierte Alte Pinakothek in München genannt wird, mag verwundern, da die letzten Beispiele schon Museen der 70er und 80er Jahre waren. Döllgast rekonstruierte die Alte Pinakothek kurz nach dem Zweiten Weltkrieg, weil Kriegsschäden dies notwendig machten **(Abb. 61 und 62)**. Döllgasts Rekonstruktion ist jedoch ein wichtiges Vorbild für die dritte Generation, weshalb sie hier als Überleitung zu Museumsbauten der dritten Generation eingefügt sein soll. In den frühen 1990ern hat Scarpa als großes Vorbild ausgedient. Die vielen Scarpa-Imitationen wirken jetzt inflationär und die Vorstellung, dass eine Geschichtsannäherung durch Diskontinuität zu erreichen sei, scheint zu diesem Zeitpunkt nicht mehr so überzeugend wie noch in den 1980ern. Eine neue Generation verwirft nicht nur einen Stil, der mittlerweile einfach zu imitieren ist, sie verwirft auch die Idee, Alt und Neu als Kontrast zu verstehen. Und da Geschichte nicht immer in ungebrochenen oder ganz logischen Folgen erzählt werden kann, muss man an dieser Stelle wieder auf ein früheres Beispiel zurückgehen, das wir in der Rekonstruktion der Alten Pinakothek in München vorfinden.

Hans Döllgasts baukünstlerischer Anspruch an die Rekonstruktion der Alten Pinakothek hat wenig mit den Absichten der CIAM-Kritiker zu tun. Sein Koordinatensystem ist ein anderes, Bezugspersonen sind seine Lehrer

Richard Riemerschmidt und Peter Behrens, bekannte Wegbereiter einer Moderne, die weder schwebend noch weiß war und folglich von CIAM-Architekten lediglich als Übergang eingestuft worden wäre. Döllgasts baukünstlerischer Anspruch beruht auf einem Verständnis der Moderne, das sich nicht von den herkömmlichen Konstruktionsweisen und den herkömmlichen Gesetzen der Gestaltung entfernt. Ein Hang zur Einfachheit paart sich zudem mit der praktischen Notwendigkeit, eine kriegsversehrte Stadt wiederaufzubauen. Doch wäre es falsch, seine Rekonstruktion nur als pragmatische Lösung in Zeiten der Not anzusehen. Bezeichnenderweise ist es erst die 3. und 4. Generation, die sich wieder sehr direkt auf Döllgasts Entwurfsansatz bezieht. Einige Arbeiten von Giorgio Grassi, David Chipperfield und Roger Diener sind sehr stark mit seinem Ansatz verwandt. Roger Diener schreibt 1996 über die Rekonstruktion der Alten Pinakothek in München

> „Die Rekonstruktion der Alten Pinakothek in München von Hans Döllgast (1946–1957) gilt unter Denkmalpflegern wie unter Architekten unbestritten als Meisterwerk. Die ungeschönte, kriegsversehrte Fassade ist nur das weithin erkennbare Zeichen eines sorgfältigen, aber entschiedenen Umgangs mit dem historischen Bestand, der das ganze Bauwerk betrifft. Hier ist auch der wahre Grund für das zu suchen, was uns an diesem Denkmal so bewegt. Es liegt eine seltsame Spannung in der Beziehung von Bestand und Zufügung gegenüber der räumlichen Organisation des Gebäudes. Bekanntlich hat Döllgast im Zuge der Rekonstruktion der zerstörten Teile auch jene Treppenanlage eingeführt, die das ganze Haus in seiner Längsrichtung spannt und zugleich eine räumliche erlebbare Mitte bestimmt. Die Zufügungen, die konsequent dem Geschick der Zerstörung unterstellt scheinen, spielen im Widerspruch dazu einen zentralen, konstituierenden Part im erneuerten Denkmal. Ein Teil der schwer zu ergründenden Faszination geht wohl auf die elementare Wirkung zurück, die von den neuen Teilen ausgeht. Sowohl ihr Typus als auch ihre Materialisierung verleihen den neuen Teilen eine ursprüngliche Kraft, die sich mit dem Denkmalbestand zu einem untrennbaren Ganzen vereinigt hat. Das Alte ist hier ebenso selbstverständlich im Neuen aufgehoben wie das Neue im Alten. Döllgast ist tief

in das Bauwerk eingedrungen und hat so zu einer geschlossenen Fassung gefunden, welche die ganze Geschichte des Denkmals in sich aufgenommen hat."[46]

Diese Würdigung dient Diener auch als Kritik an den Arbeiten Carlo Scarpas. Er formuliert: „Künftige Architekten werden im Museo Castelvecchio in Verona nicht mehr wie Scarpa Neues gegen Altes setzen können".[47] Bisher hatte niemand gewagt, Carlo Scarpas Arbeit in Frage zu stellen. Und trotz seiner berechtigten Einwände, trotz der sich jetzt anbahnenden Verschiebungen der Vorstellung über die Beziehung zwischen Alt und Neu bleibt Scarpa einer der großen Meister des 20. Jahrhunderts. Neben Döllgasts Rekonstruktion führt Diener das Römische Theater von Giorgio Grassi in Sagunto (1994) als gelungene Rekonstruktion an, – wobei bemerkenswert scheint, dass auch Giorgio Grassi nicht eindeutig einer Generation zuzuordnen ist. Wenn Döllgast die Vorstellungen der Übergangsgeneration in die zweite Hälfte des 20. Jahrhunderts tradiert und dabei die CIAM-Moderne ignoriert, dann gehört Grassi zu den Architekten der zweiten Generation, die die CIAM-Moderne verlässt, um einen neuen Ansatz der Rekonstruktion zu suchen. Bei Scarpa tritt das Alte in den Hintergrund und die neue Ergänzung dominiert die Beziehung zwischen Alt und Neu. Grassi hingegen strebt eine Gleichberechtigung der alten und neuen Teile an. Mit seiner Formulierung „Das Alte als Ergänzung des Neuen und nicht umgekehrt" [48] betont Grassi, dass das Alte nicht länger zum Hintergrund degradiert werden soll. Mit seiner Rekonstruktion des Römischen Theaters in Sagunto kann man Giorgio Grassi gleichermaßen der zweiten und dritten Generationen zuordnen; ab dieser Zeit sucht Grassi weniger die Diskontinuität als die Kontinuität in der Geschichte. An diesem Exkurs, der nur mittelbar mit Museumsbau zu tun hat, zeigt sich, wie schwierig es ist, den richtigen Ton zu treffen, wenn es um das Verhältnis zwischen Alt und Neu in der Architektur geht. Es wird deutlich, dass eine Gebäuderekonstruktion keine Reparatur im technisch-praktischen Sinn ist, als habe man es mit einer defekten Maschine zu tun: ihr Gegenstand ist stets das kulturelle Artefakt oder ein Denkmal.

1994 gewinnt Giorgio Grassi den ersten Preis für die Rekonstruktion des Neuen Museums in Berlin, der in Ansätzen an Döllgasts Planung der Alten Pinakothek erinnert. Sein Entwurf kommt jedoch nicht zur Ausführung, da, wie der Tagesspiegel dazu schreibt, der Entwurf „an der akademischen Kühle seines Ansatzes" gescheitert sei.[49] Der Wettbewerb musste also 2009 ein zweites Mal ausgeschrieben werden. Diesmal gewinnt David Chipperfield mit einem ganz ähnlichen Ansatz. Roger Diener folgt dann Döllgasts Beispiel bei der Rekonstruktion des Museums für Naturkunde in Berlin im Jahre 2010, und Peter Zumthors Museum Kolumba in Köln zeigt 2007 eine ähnliche Vorgehensweise.

9 KONFLIKTE BINDEN – MUSEEN DER DRITTEN GENERATION IN DER MODERNE

Die bisherigen Ausführungen über Museen des 20. Jahrhunderts hatten die unterschiedlichen Anliegen der ersten und der zweiten Generation zum Gegenstand: Die erste Generation erfindet das Neue und verwirft oder polemisiert gegen das Alte. Die zweite Generation spürt den Verlust des Alten und polemisiert gegen das Neue, ohne dabei die Faszination für die Arbeiten der ersten Generation ganz zu verleugnen. Warum ist diese Betonung auf die unterschiedlichen Generationen für die Entwicklung des Museums wichtig? Jede Generation ist entweder in Zustimmung oder in Ablehnung an die vorherigen Generationen gebunden. Das können wir am 20. und 21. Jahrhundert besonders gut beobachten, da unser Leben und Wirken ein Teil dieser Geschichte sind. Wir spüren die Generationenkonflikte hier am deutlichsten, da uns die Akteure dieser Zeit viel präsenter sind als die der anderen Jahrhunderte. Wir kennen sie als Zeitzeugen, als Vorbilder, vielleicht auch als Feindbilder.

Besonders im 20. Jahrhundert kann die Raumstruktur eines Gebäudes, das Aussehen eines Gebäudes, die Einordnung in ein Stadtgefüge nicht losgelöst gesehen werden von den kontroversen Diskussionen, die zwischen den Generationen stattgefunden haben. Wir kennen Le Corbusiers kritische Haltung gegenüber der alten Stadt: die alte Stadt sei viel zu dicht, sie habe nicht genug Licht, Luft und Sonne und sei deswegen ungesund. Wir kennen Leon Kriers ablehnende Haltung gegenüber der neuen Stadt: sie bestehe nur noch aus einmaligen Monumenten, ihr fehle der verbindende Kontext, ihr fehle es vor allem an öffentlichen Stadträumen, wie wir sie aus der alten Stadt gewohnt sind. Architekten und Architektinnen der ersten und zweiten Generation glauben gleichermaßen, sie können einen entscheidenden Einfluss auf die Form und die Struktur der Stadt nehmen. Wie anders sollte man ihre Zeichnungen deuten, die eine homogene Vision der neuen Stadt zeigen, ganz und gar ungestört von allem, was sich zuvor entwickelt hatte. Le Corbusiers Perspektive einer neuen Stadt des frühen 20. Jahrhunderts zeigt kein einziges altes Gebäude, obwohl wir mitten in Paris sind **(Abb. 63)**. Leon Kriers

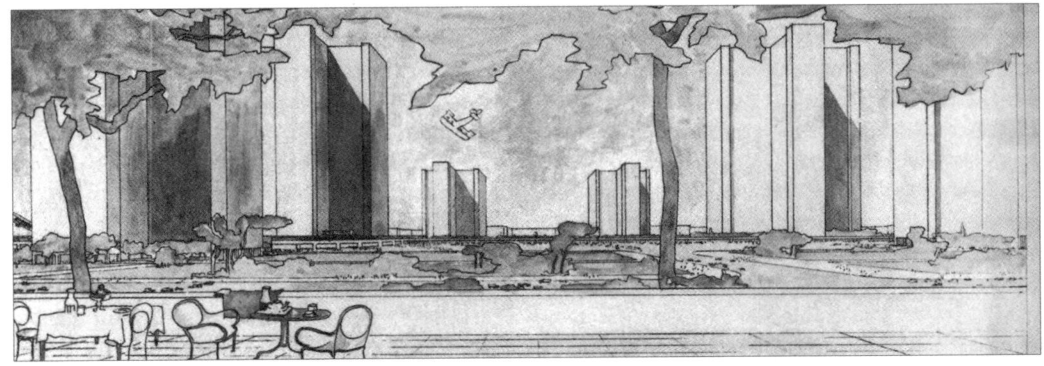

63 Ville contemporaine, Paris 1922, Le Corbusier

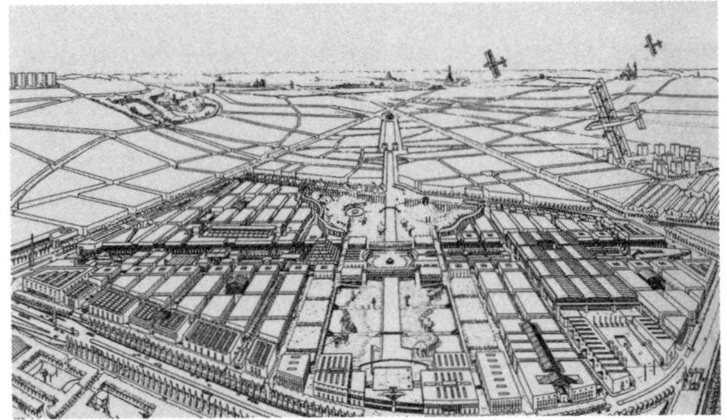

64 Wettbewerbsbeitrag Quartier de la Villette, Paris 1976, Leon Krier

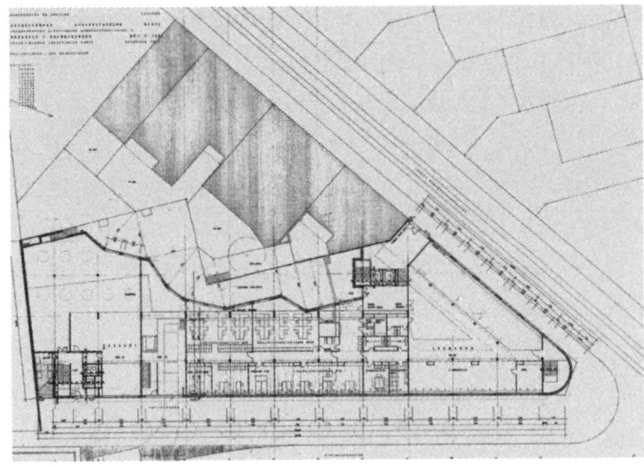

65 Bürohaus Steintorberg, Basel 1990, Diener und Diener

Vogelperspektive seines Entwurfes für La Villette, eine Stadtvision des späten 20. Jahrhunderts, zeigt kein einziges modernes Gebäude, obwohl La Villette ein Vorort von Paris ist **(Abb. 64)**. Gegensätzlicher hätten die Visionen nicht ausfallen können. Das Einzige, worauf sich diese beiden Architekten offenbar einigen können, ist der Flugzeugtyp, den sie am Himmel ihrer Stadtentwürfe zeigen. Beide Architekten verteidigen ihre Sicht der Dinge mit allem polemischen Geschick. Beide Architekten, Le Corbusier und Leon Krier glauben, sie seien allein mit den Mitteln der Architektur bereits in der Lage, einen entscheidenden Einfluss auf die Stadt auszuüben. Nicht selten geschieht es, dass Architekten der ersten beiden Generationen ungefragt und ohne Auftrag ganze Stadtteile entwerfen. Sie glauben an die Macht der Architektur.

Mit der nächsten, der dritten Generation, verändert sich die Tendenz wieder. Allmählich verschwindet der polemische Zungenschlag, der die Diskussionen der ersten und der zweiten Generation beherrscht hatte, und mit der dritten Generation wächst die Akzeptanz *jener* Stadt, wie sie sich auch ohne Einfluss der Architekten entwickelt hatte. Darüber hinaus werden nun die beiden Raumkonzepte, der gefasste Raum und der fließende Raum, nicht mehr als unversöhnliche Gegensätze betrachtet. Architekten und Architektinnen der dritten Generation bevorzugen weder den offenen Landschaftsraum noch den dichten urbanen, städtischen Raum, sie setzen den vorhandenen Stadträumen, die ohne Architekten zustande gekommen sind, keine Stadtvisionen mehr entgegen. In einem entscheidenden Punkt jedoch täuschten sich sowohl die erste wie die zweite Generation: beide glaubten fest daran, die bebaute Umwelt maßgebend beeinflussen und gestalten zu können, doch gingen die großen Entwicklungen an ihnen vorüber. Im Großen und Ganzen wurde hier die Moderne pervertiert und banalisiert, mittelmäßige Bauten und der Verkehr bestimmen in dieser Periode das Bild der Stadt. Das Bild, das sich der dritten Generation zeigt, ist eine Stadt, die ohne erkennbare Raumkonzepte und Raumprinzipien zustande gekommen ist. Es ist eine Stadt, die nach allen Regeln der Verkehrsplanung, aber nicht nach den Regeln der Raumkunst entwickelt worden ist; es ist eine Stadt, deren Bauten nach den Vorgaben der Bauordnung, nicht aber nach den Regeln der Baukunst entworfen wurden. Dies ist der Zustand um 1990. Einige Mitglieder der dritten Generation nun, darunter Schüler von Oswald Mathias Ungers und Aldo Rossi, können ihren Lehrern nicht bedingungslos folgen, denn sie müssen erkennen, dass weder Ungers noch Rossi einen maßgebenden Einfluss auf die allgemeine Entwicklung nehmen konnten. Die dritte

66 Galerie Gmurzynska, Köln 1990, Diener und Diener

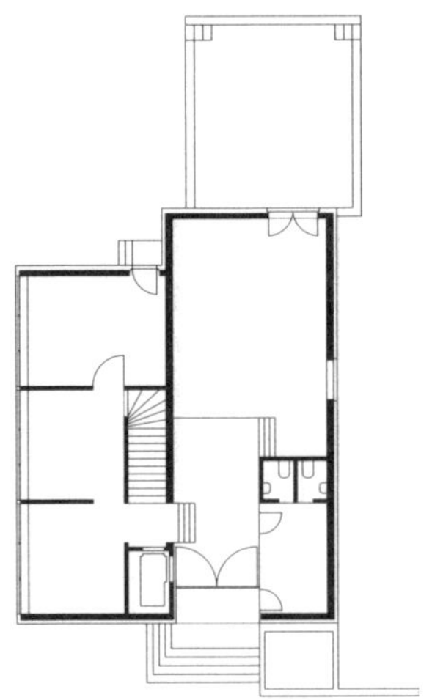

67 Galerie Gmurzynska, Köln 1990, Diener und Diener

Generation teilt nicht die Ablehnung, welche die zweite Generation der ersten Generation entgegengebracht hat und ihre Protagonisten können nicht mehr übersehen, dass vieles ohnehin an den Vorstellungen der ersten und zweiten Generation völlig vorbeigegangen ist.

Das Bürohaus Steintorberg in Basel von Roger Diener aus dem Jahr 1990 **(Abb. 65)** zeigt eine bemerkenswerte Wende durch die Art, wie die dritte Generation ihre Entwürfe an den Ort anpasst. Zur Straße schließt das Gebäude den Raum, so wie Rossi oder Ungers das auch getan hätten, um den Straßenraum zu stärken. Auf der Rückseite, zum Nachbargebäude, bestimmen die von der Bauordnung vorgegebenen Abstandsflächen die Gebäudeform. Das ist eine scheinbar banale und pragmatische Art, eine Gebäudeform zu bestimmen, doch ist dieser Pragmatismus wohlkalkulierte Absicht und Programm.

Ein weiterer Architekt der dritten Generation, der die neue Richtung auf eine etwas andere Art auf den Punkt bringt, ist Miroslav Šik. Er gehört zu jenen, die die Streitfrage der Diskontinuität überwinden wollen. Sein Thema ist: *Konflikte binden* – so jedenfalls lautet der Titel eines Gesprächs mit Miroslav Šik, das 1998 in der Zeitschrift *DAIDALOS* erscheint.[50] Gezeigt wird die Fassade eines Mehrfamilienhauses in der Zürcher Bienenstraße aus dem Jahr 1997, das Šik entworfen hat. Die rechte Hälfte sieht aus wie ein Haus des 19. Jahrhunderts, jedoch ohne jedes Ornament. Die linke Hälfte wirkt wie ein Gebäude des 20. Jahrhunderts, doch hier sieht man Ornamente. Das Anliegen seiner Generation hat Šik mit seinem Buchtitel auf den Punkt gebracht: *Altneu*.[51]

Knüpfen wir hier wieder an die Entwicklung der Museen an. Betrachten wir zwei Galerien, die beide an einem Ort stehen, wo man sie nicht unbedingt erwartet. Das Beispiel des Bürogebäudes von Roger Diener zeigt, dass die neue Generation dem Ort keinen neuen Gedanken aufzwingt, der Nachbarschaft keine neue Stadtvision entgegensetzt. Die Galerie Gmurzynska von Diener und Diener **(Abb. 66 und 67)** steht in einem modernen Villenvorort von Köln. Die dritte Generation verdammt die Vororte nicht, sie betrachtet sie als einen Kontext unter vielen. Das neue Gebäude fällt hier kaum auf: erst auf den zweiten Blick wird man gewahr, dass dies kein gewöhnliches Wohnhaus sein kann, trotz des Vorgartens und des ortsüblichen Gartenzauns. Und auf der Rückseite gibt es einen beinahe ganz normalen Garten. Auch die Grundrisse dieser Galerie sind keine polemische Demonstration für oder gegen den gefassten Raum, kein

68 Galerie für die Kunstsammlung Götz, München 1992, Herzog und de Meuron mit Helmut Federle

69 Galerie für die Kunstsammlung Götz, München 1992, Herzog und de Meuron mit Helmut Federle

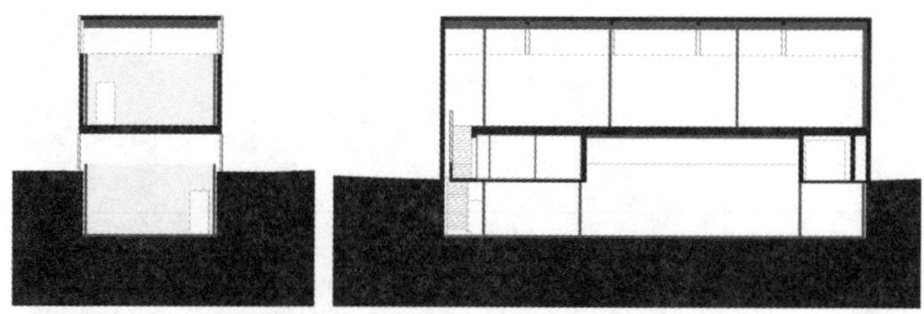

70 Galerie für die Kunstsammlung Götz, München 1992, Herzog und de Meuron mit Helmut Federle, Quer- und Länsschnitt

Manifest, sondern eine pragmatische Anwendung von Raumthemen, die für diese Aufgabe notwendig sind. Man erkennt einen vollkommen entspannten Umgang mit dem gefassten Raum. Das hört sich kaum an wie ein Rezept für herausragende Architektur, und doch setzt sich die Galerie Gmurzynska von der zumeist banalen und prätentiösen Villenbebauung der Nachbarschaft ab. Höchst wirkungsvoll hebt sich die rote Farbe hervor, mit der das gesamte Gebäude gefasst ist. Dem Besucher fällt ins Auge, wie architektonische Qualität mit einfachen und wenigen Mitteln entstehen kann: herkömmliche Materialien und unprätentiöse Formen, eine gut gewählte Farbe, fein austarierte Proportionen, angemessener Maßstab und feine Detailierung haben eine überzeugende Gebäudekomposition entstehen lassen – nicht zuletzt getragen von einem Geschichtsbewusstsein, das um die Errungenschaften und Fehleinschätzungen vorheriger Generationen weiß. Ein maßgebender Teil der neuen dritten Generation nun hat aufgehört, mit exklusiven Formen zu arbeiten, sie ist pragmatisch geworden im Umgang mit der Wahl ihrer architektonischen Mittel.

Auch der Galeriebau für die Sammlung Goetz in München von Jacques Herzog und Pierre de Meuron **(Abb. 67 bis 70)** steht nicht in einem öffentlichen Raum, sondern in dem Garten einer Villa. Anhand dieser Galerie

71 Kunsthaus Bregenz, 1997, Peter Zumthor

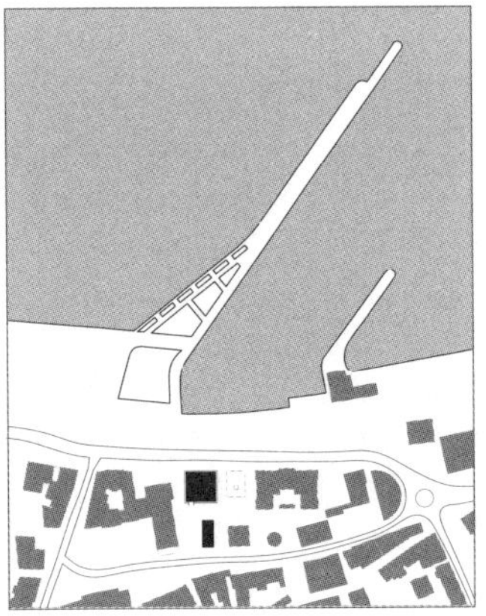

72 Kunsthaus Bregenz, 1997, Peter Zumthor

lässt sich ebenfalls ein zeittypisches Thema nachvollziehen. Der Entwurf entsteht in Zusammenarbeit mit dem Künstler Helmut Federle, und der überall deutlich spürbare Einfluss des Künstlers hat hier eine zurückhaltende Architektur eingefordert. Einige der herausragenden Qualitäten der Galerie können nur dadurch beschrieben werden, dass man die Dinge benennt, die man *nicht* sieht: die Leuchtkörper erkennt man bei genauem Hinschauen gerade noch – Lichtschalter, Fußleisten, Tür- und Fensterrahmen entdeckt man jedoch nicht. Die einzige Fläche, die nicht weiß ist, ist der Holzboden. Es gibt nichts, was von den Bildern ablenken könnte.

Bei Betrachtung des Querschnitts lässt sich ein weiteres Moment architektonischer Zurückhaltung erkennen. Es fällt auf, dass der Fußboden des Untergeschosses ein halbes Geschoss unter dem Gartenniveau liegt, was auf die Forderung des Bauordnungsamtes zurückgeht, das Gebäude nicht höher als die alte Villa zu bauen. Diese Auflage (und Einschränkung) hat eine bemerkenswerte Lösung hervorgebracht: glaubt man von außen im ersten Obergeschoss einen Ausstellungsraum zu sehen und im Erdgeschoss ein verglastes Foyer, so ist man beim Betreten des Gebäudes überrascht, dass es kein großes Foyer gibt und dass man auf zwei Ebenen immer wieder in die gleichen Ausstellungsräume gelangt. Dies ist zunächst verwirrend, da die Außenansicht einen Ausstellungsraum mit Oberlicht erwarten lässt, der über einem transparenten Erdgeschoss zu schweben scheint. Im Längs- und Querschnitt erkennt man jedoch, dass das nicht stimmt. Im Inneren werden wir im Obergeschoss wie im Untergeschoss in Ausstellungsräume geleitet, die sich ähnlich sind. Von außen wie von innen erscheint das Gebäude also einfacher, als es dem Entwurf nach ist. Erst die Schnitte lösen das Rätsel, indem sie zeigen, dass die Architekten komplex gedacht haben, um eine größtmögliche optische Einfachheit zu erzielen. Einfachheit ist die Absicht dieses Museums, doch handelt es sich um eine Zurückhaltung, die nicht einfach zu haben ist. Dem unbedarften Besucher wird die Komplexität des Entwurfs kaum auffallen. Konsequent wird alles unterdrückt, was Aufmerksamkeit an dem Gebäude erregen könnte. Es entsteht jedoch ein Paradox: wenn man die Zurückhaltung so weit treibt wie in diesem Entwurf, so zieht die Architektur wieder sehr viel Aufmerksamkeit auf sich.

Es ist nicht überraschend, dass auch das Kunsthaus Bregenz von Peter Zumthor **(Abb. 71 bis 73)** zu dieser Zeit so viel Beachtung findet. Was ist 1997 das Neue an diesem Gebäude? Zahlreiche in Glas aufgelöste Fassaden wurden im 20. Jahrhundert gebaut, und ein gläsernes Hochhaus ohne Sockel und

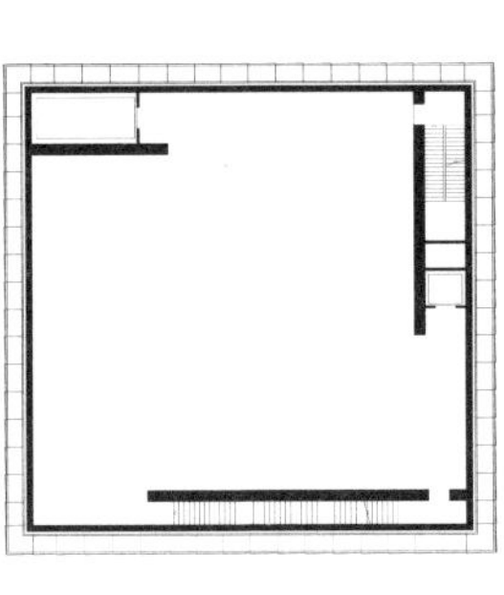

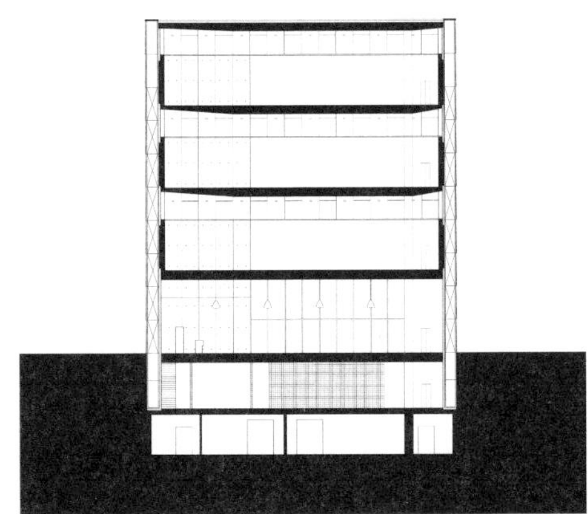

73 Kunsthaus Bregenz, 1997, Peter Zumthor

ohne Dach hatte Mies van der Rohe schon 1921 entworfen. Neu allerdings ist gegenüber 1921, dass sich nun niemand mehr an dieser Architektursprache stört. Neu ist auch, dass diese, die dritte Generation, sich wieder an der ersten Generation orientiert und damit ihre Vorgängergeneration, die Postmoderne, in ihre Schranken weist. Für viele Architekten und Architektinnen der Postmoderne hatte Mies van der Rohe versagt, weil sie der Meinung waren, die erste Generation sei für die Misere des modernen Städtebaus verantwortlich. Die dritte Generation sieht das differenzierter: nicht die gesamte Moderne habe versagt, sondern der moderne Städtebau allein. Auch das Kunsthaus Bregenz steht für das Bestreben des Architekten, vom Ausstellungsraum alles Störende fernzuhalten. Das lässt sich schon anhand des Lageplans nachvollziehen: alle Funktionen, die nicht in unmittelbare Verbindung mit den Ausstellungsräumen gebracht werden müssen, lagert Zumthor aus: die Verwaltung, ein Buchladen und das Café sind in einem Nebengebäude untergebracht. In den Ausstellungsräumen wird alles Störende hinter drei Wandscheiben versteckt: der Lastenaufzug, der Personenaufzug, die Haupttreppe und die Fluchttreppe. Natürliches und künstliches Licht wird ab dem ersten Obergeschoss über eine Lichtdecke geführt. Das natürliche Licht kommt nicht von oben, sondern über einen hohen Deckenhohlraum von der Seite. Die Lichtquelle bleibt dem Besucher sowohl von innen als von außen verborgen. Dieses Konzept wird in allen

Obergeschossen beibehalten. Die meisten Besucher werden keinen Gedanken daran verschwenden, warum sich die Lichtqualität im letzten Geschoss nicht ändert, obwohl es ein Leichtes gewesen wäre, hier ein Oberlicht anzubringen. Es wäre jedoch das einzige echte Oberlicht gewesen, und vermutlich wäre dann die Täuschung in den unteren Geschossen aufgefallen. Um zusätzliches Licht zu erhalten, verjüngt Zumthor sogar die Decken am Rand. Die gesamte Technik wird in den Fassaden- und der Deckenhohlräumen versteckt.

Das Haus der Stiftung *La Congiunta* für die Werke von Hans Josephson am Ufer des Ticino bei Giornico von Peter Märkli **(Abb. 74 bis 76)** ist ein öffentliches Museum, das von jedem besichtigt werden kann, der bereit ist, eine lange Reise auf sich zu nehmen, und ist man in Giornico angekommen, so wird man sehen, dass nichts unterlassen wurde, um den Zugang zu den ausgestellten Kunstwerken zu erschweren. Zunächst muss man sehr lange durch ein enges Tal fahren, bis man den Ausstellungsort gefunden hat. Dann gilt es, den Schlüssel zum Gebäude in einer kleinen, unscheinbaren Herberge im Ort zu organisieren, bei der man von Glück sagen kann, wenn sie nicht geschlossen ist. Dann geht es etwa 500 Meter weiter zu Fuß, erst über eine Brücke, dann weiter rechts ab zwischen einer Gruppe von Häusern, man ist zunehmend verunsichert, da der Weg auf einen Trampelpfad führt, der eine schmale Wiese neben dem Bahngleis überquert. Hier erblickt man die Rückseite eines Gebäudes, das einer Trafostation gleicht. Neugierig geworden und in dem Wissen, dass dieses Gebäude von Peter Märkli ist, gelangt man auf die andere Seite, wo man eine Tür sieht, die das Gegenteil von einladend ist. Es ist der unfreundlichste Eingang zu einem öffentlichen Gebäude, den man sich vorstellen kann. Normalerweise tut man alles, um einen Museumseingang einladend zu gestalten. Hier nicht. Einen Beitrag dazu leistet nicht nur die hohe, kantige und sehr kleine Stufe, sondern auch die rohe, verzinkte Türe, die sich nach außen öffnet und den Besucher beim Öffnen wieder von der Treppe stößt. Hat man das Gebäude betreten, bleibt zunächst der Eindruck des Rohen und Kruden. Und doch ist der Raum keineswegs das Ergebnis einer lieblosen, unfertigen oder skizzenhaften Planung. Keines dieser Attribute trifft auf das Gebäude zu, dessen Atmosphäre den Besucher allmählich verzaubert, und am Ende ist er kaum noch überrascht, wenn er erfährt, dass zum Zeitpunkt des Gebäudeentwurfs Märkli und Hans Josephson bereits langjährige Freunde gewesen waren. Was auf den ersten Blick roh und unfertig aussieht, wird bei längerem Hinsehen immer stimmiger.

74 und **75** Haus der Stiftung ‚La Congiunta' für die Werke von Hans Josephson, Giornico 1989–1992, Peter Märkli

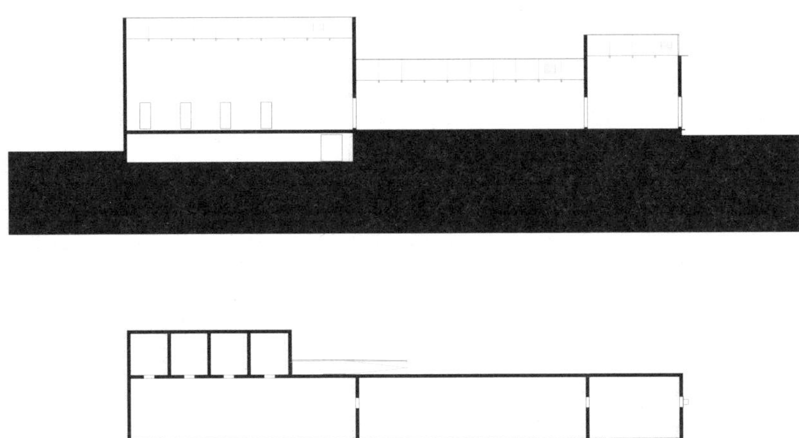

76 Haus der Stiftung ‚La Congiunta' für die Werke von Hans Josephson, Giornico 1989–1992, Peter Märkli

Die drei Hauptausstellungsäume haben alle einen ähnlichen Querschnitt, sie unterscheiden sich hauptsächlich durch unterschiedliche Raumhöhen und verschiedene Längen. Diese Anordnung erzeugt Räume, die bei starker Ähnlichkeit doch ganz unterschiedlich sind. Jeder Raum bildet eine Symbiose mit den Skulpturen von Hans Josephson. Bald wird man auf ein weiteres ungewöhnliches Detail im Gebäude aufmerksam: die Durchgänge haben alle Betonschwellen. Warum? Auch das wirkt zunächst abweisend und nicht so wie man es unbedingt empfehlen würde. Bei Märkli hat das natürlich etwas zu bedeuten. Zum einen werden Räume damit stark voneinander abgesetzt, und zum anderen unterstreicht dieses Detail das Rohe des Gebäudes; man spürt deutlich, dass der Estrich und der Bodenbelag fehlen. Man fühlt das Fehlen eines Ausbaus. Es entsteht der Eindruck, das Gebäude sei nicht fertig – und das erzeugt eine Art Phantomschmerz. Man hat jedoch den Eindruck, dass das Unfertige geplant und absichtsvoll durchdacht ist und auf das Werk von Hans Josephson kalkuliert ist. Warum aber werden dem Besucher solche Mühen auferlegt? Vielleicht, weil diese ganzen Hindernisse ein Gefühl von Wert erzeugen, ein Gefühl, dass *diese* Kunst nicht einfach zu haben ist und dass sie nicht selbstverständlich ist. Man muss keinen Eintritt zahlen, aber man hat sich Mühe zu geben. Jedes Hindernis verlangsamt den Besucher, erhöht seine Erwartung und sensibilisiert ihn für seine Umgebung. Niemand wird schnell durch diese Räume laufen. In dem Aufsatz *Einen öffentlichen Ort für das Kunstwerk errichten* beschreibt Remy Zaugg eine Beobachtung, die für viele Museen gilt, die aber besonders hier zutrifft:

> „Welches ist der Ort der Auseinandersetzung des Wahrnehmenden mit dem autonomen Werk? Welcher Funktion hat dieser Ort zu genügen? Erstens erlaubt dieser Ort dem Werk, in Erscheinung zu treten, und das, in dem es den Einfluss des weltlichen Kontextes auf sein Aussehen so weit wie möglich einschränkt. Nicht der Kontext dominiert das Werk und zwingt ihm seine Erscheinung auf, wie das Rot den Grauton dominiert und ihm ein grünliches Aussehen aufzwingt, sondern das Werk entscheidet über die Erscheinung seines Kontextes. In diesem Sinn ist der Ort dem Werk untergeordnet, dessen Einfluss er erfährt: Er ist labil. Dieser labile Charakter wird gewöhnlich „neutral" genannt. Zweitens ist dieser Ort geeignet für Öffnung und Wahrnehmung. Dazu bietet er Ruhe und Sicherheit. [...] vor allem jedoch ist die Natur ein un-

> geeigneter Ort für die Präsentation des Bildes, weil dieses einen künstlichen, konstruierten Ort voraussetzt, der seinem eigenen künstlichen Charakter entspricht und sich den materiellen Aufbewahrungsbedingungen anpassen kann, der aber hauptsächlich seinen expressiven Anforderungen genügt. Somit muss man den Ort, der sich für die Präsentation des autonomen Werkes eignet, in der Kategorie der architektonischen Orte suchen."[52]

Nach Zaugg ist also der beste Ort für das Kunstwerk der architektonische Ort, nicht die Natur. Und dennoch ergibt sich an diesem Punkt ein Konflikt, den viele Künstler immer wieder ansprechen: der architektonische Ort ist selten neutral; auch nicht jener, der es vorgibt zu sein. Der vehemente Einsatz der Moderne für den weißen und neutralen Ausstellungsraum war keineswegs unideologisch gemeint, vor allem nicht in seiner Ablehnung der Museumsräume des 19. Jahrhunderts. Manch weißer Ausstellungsraum war alles andere als neutral, durch eine beinahe sakrale Aura wird dem Kunstwerk eine nicht weniger starke Aussage aufgezwungen wie durch manch postmodernen Ausstellungsraum der 1980er Jahre.

Muss man daraus schließen, dass der moderne Ausstellungsraum keinen Charakter haben darf, dass man alles daransetzen müsste, Räume neutral zu gestalten? Das wäre vermutlich ein Irrtum, denn dann wäre man schnell im Bereich des Beliebigen. Bisher wurden mindestens zwei Beispiele erwähnt, bei denen eine Symbiose zwischen dem besonderen Charakter des architektonischen Raums und der ausgestellten Objekte besonders glücklich gelungen ist: zum einen das Wilhelm Lehmbruck Museum von Manfred Lehmbruck in Duisburg **(Abb. 36 bis 38, S. 62)** und zum anderen das Haus der Stiftung *La Congiunta* für die Werke von Hans Josephson am Ufer des Ticino bei Giornico von Peter Märkli **(Abb. 74 bis 76, S. 108)**. In beiden Fällen wurden Räume für eine Dauerausstellung konzipiert und in beiden Fällen ging dem Entwurf eine intensive Auseinandersetzung mit den Kunstwerken voraus. Manfred Lehmbruck war mit den Arbeiten seines Vaters bestens vertraut und Peter Märkli kannte Hans Josephson persönlich seit Studienzeiten. Er hat ihn immer wieder um Rat gebeten, bis aus einem Lehrer-Schüler-Verhältnis eine Freundschaft geworden war, und es ist kein Zufall, dass Hans Josephson Märkli als Architekten wollte. Die Ausstellungsräume von Peter Märkli haben einen starken Eigencharakter, der wie ein Resonanzkörper für die Werke von Hans Josephson wirkt. Daraus könnte man schließen, dass Ausstellungen, die häufig wechseln, besser in einem neutral gefassten Raum aufgehoben sind, während Dauerausstellungen durch einen auf sie zugeschnittenen Raum besser zur Geltung kommen.

In einer Auseinandersetzung mit dem Museumsbau erwartet man konkrete Hinweise darauf, wie man stimmige Räume entwerfen sollte, und wie man es schafft, Kunstwerke zum Klingen zu bringen, statt sie architektonisch zu ersticken. Leider ist dies eine Kunst, für die es keine allgemeingültigen Rezepte gibt. Das Gebäude von Peter Märkli ist dafür ein anschauliches Beispiel. Es widersetzt sich eigentlich jeder Regel und jeder Lehrmeinung, und doch ist es eines der bemerkenswertesten Museumsbauten seiner Zeit. Warum dieses kleine Museum, so abgeschieden von jeder Öffentlichkeit, ein so begehrtes Ausflugsziel geworden ist, warum es trotz seines hermetischen und fast schon autistischen Erscheinungsbildes jeden Besucher wie magisch ins Innere lockt, warum ferner die so rüden Oberflächen dann doch so genau hinschauen lassen und vor allem, warum die Räume dieses kleinen Museums wie ein starker Resonanzkörper für die Plastiken von Hans Josephson wirken: – dies alles kann man nur mit einem Paradoxon erklären. Bauten müssen demnach nicht unbedingt Verfügbarkeit und Öffentlichkeit ausstrahlen, um dann öffentlich und verfügbar zu werden. Dieses kleine Museum macht nicht nur im Flüsterton auf sich aufmerksam, sondern zugleich auf den Aktionismus des regulären Kunstbetriebs. Als dieses kleine Museum erbaut wird, werden die großen Museen an der Höhe ihrer Besucherzahlen gemessen und an ihren Möglichkeiten, Besuchermassen effektiv und reibungslos durch ihre Ausstellungen zu schleusen.

Auch das Centro Galego de Arte Comtemporâneo in Santiago de Compostela 1993 von Álvaro Siza Vieira **(Abb. 77 bis 79)** bietet Überraschungen, die auf Anhieb nicht einfach zu erklären sind. Auch von Sizas Museumsbauten lassen sich nur sehr schwer verbindliche Regeln ableiten. Sie sind kaum verständlich, sieht man sich nur die Zeichnungen an. Vor Ort ist jedoch alles anders; vieles erschließt sich, doch weiß man auch dann noch nicht, wie Siza zu seinen Lösungen gekommen ist. Allerdings kann man die Qualitäten seiner Bauten gut beschreiben. Bei einem Bürobesuch ließ sich in Erfahrung bringen, dass er seine Projekte am Modell entwickelt und weniger an der Zeichnung – die Grundrisse und Schnitte werden in einigen Fällen sogar direkt von den Modellen abgezeichnet. Will man die Bauten jedoch wirklich verstehen, dann muss man sie sich schon ansehen. Aus dem Lageplan erschließt sich

77 Centro Gallego de Arte Comtemporaneo, Santiago de Compostella 1993, Alvaro Siza

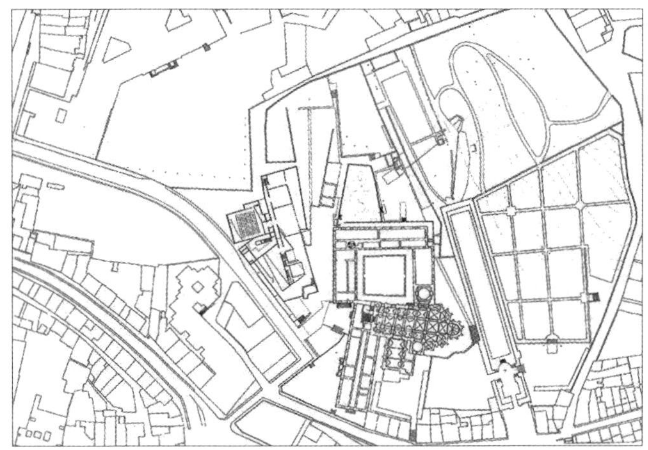

78 Centro Gallego de Arte Comtemporaneo, Santiago de Compostella 1993, Alvaro Siza

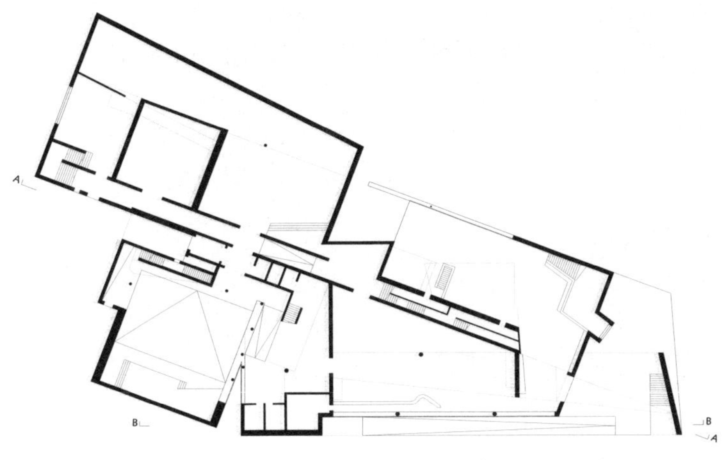

79 Centro Gallego de Arte Comtemporaneo, Santiago de Compostella 1993, Alvaro Siza

nicht, wo Sizas Gebäude beginnt und wo der alte Kontext endet. Damit ist aber bereits vieles über die Absicht seiner Entwürfe ausgesagt. Diese fügen sich meist nahtlos und unaufdringlich in ihre Umgebung, und dieses Museum hat im Laufe der Zeit eine ähnliche Patina angenommen wie das ehemalige alte Kloster auf dem Nachbargrundstück. Sizas Bauten verhalten sich oft wie das Chamäleon, das durch Mimese die Eigenschaften der Umgebung allmählich übernimmt. Auch Bauteile und Räume sind von einer besonderen Art des Fügens gekennzeichnet. Selten sind einzelnen Räume und Teile ganz klar voneinander abgegrenzt, die Übergänge oft fließend. Eine Holztreppe überlagert eine Treppe aus Stein, eine Wandverkleidung aus Stein verbindet sich mit dem Türrahmen aus Holz. Ein Sockel aus Stein knickt um und schließt horizontal an den Bodenbelag aus Holz an. Fugen zeigen sich selten dort, wo man sie erwartet. Alles ist in Bewegung, nichts kommt zur Ruhe, und doch strahlen Sizas Bauten Ruhe und Gelassenheit aus. Nichts wirkt erzwungen, die überraschend gute Lösung wird keinem Prinzip geopfert. So werden in

80 Generali Foundation, Wien 1995, Jabornegg & Pálffy

81 Generali Foundation, Wien 1995, Jabornegg & Pálffy

Sizas Bauten die Ausnahmen zur Regel. In diesem Museum scheinen sich Räume beinahe unmerklich zu verändern, während man sie durchschreitet. Der Eingang geht in eine Rezeption über, die schon halb Ausstellungsraum ist. Man kommt immer wieder in einen schmalen Raum, der als Rückgrat des Gebäudes dient und alle Räume miteinander vernetzt. Hier befinden sich auch die Haupttreppen, und so ist schließlich alles mit allem verbunden.

Auf Sizas Bauten passt eine Charakteristik, die Alison und Peter Smithson unter dem Begriff der *konglomeraten Ordnung* beschrieben haben:

> „Ein Gebäude der konglomeraten Ordnung scheint natürlich – wir haben das Gefühl einer geordneten Struktur, selbst wenn wir sie nicht verstehen oder uns ‚verirrt' haben. Wir sind vielleicht nicht in der Lage festzustellen, wo wir sind, und trotzdem können wir mit unseren Fähigkeiten, Licht, Wärme und den Wind auf unserer Haut zu spüren, navigieren, die Dichte der umgebenden Struktur wahrnehmen, andere Menschen hinter Mauern erahnen, riechen, was hier war oder spüren, wo jemand hingegangen ist [...] Ein Gebäude der konglomeraten Ordnung hat räumliche Präsenz – überwältigender als die Präsenz des Objekts. Es ist auch nicht im entferntesten auf ein einfaches geometrisches Schema reduzierbar oder durch zweidimensionale Bilder vermittelbar. Ein Gebäude der konglomeraten Ordnung ist schwer im Gedächtnis zu behalten, kaum fassbar; nur wenn man wirklich dort ist, dann scheint es ganz einfach; bringt all unsere Sinne durch die größtmögliche Vielfalt von Wahrnehmungen ins Spiel."[53]

Sizas Handschrift zeigt sich auch in der alten Parkanlage, bei der sich das Neue als selbstverständliche Fortsetzung des Alten verstehen lässt. Ein Schlüsselsatz, der von Siza in diesem Zusammenhang gerne benutzt wird, lautet, dass *Architekten nichts erfinden, sondern sie transformieren die Wirklichkeit.*

Einer der schönsten Ausstellungsräume der frühen 90er Jahre ist die ehemalige Generali Foundation in Wien von Jabornegg & Pálffy **(Abb. 80 bis 82)**. Dieses Museum, das in eine bestehende Hinterhofbebauung mit unregelmäßigem Grundrisszuschnitt eingefügt ist, ist ein klares Bekenntnis zur frühen Moderne. Mit einer bestechenden Klarheit erwirken die Architekten aus beengten und verwachsenen Raumverhältnissen eine großzügige

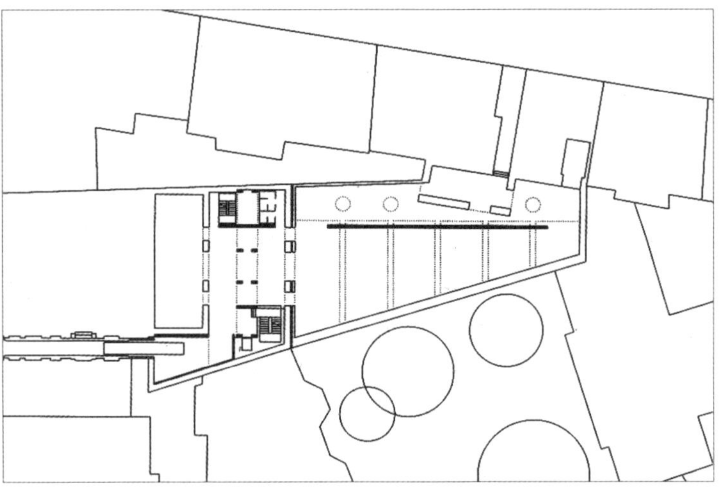

82 Generali Foundation, Wien 1995, Jabornegg & Pálffy

und neue Raumfolge. Ein fließender Übergang entwickelt sich nicht nur von Raum zu Raum, sondern zwischen Alt und Neu. Trotz der kontrastierenden Materialien im Eingang (Marmorstuck und Edelstahl), fließen die Oberflächen unmerklich ineinander. Es handelt sich um eine sehr elegante und unaufdringliche Fügung zwischen Alt und Neu, die, anders als die Zweite Generation, nicht den Kontrast, sondern die Fügung betont. Das Ziel auch dieser Architekten besteht darin, die Ausstellungsräume als Hintergrund und nicht als Vordergrund zu gestalten.[54] Das gelingt zweifellos, und die unterschiedlichsten Ausstellungen können hier gut zur Geltung kommen. Aber auch dieser Ausstellungsraum ist alles andere als neutral und beliebig und man besucht dieses Museum nicht nur wegen der Ausstellungen, sondern vor allem wegen seines hohen architektonischen Niveaus. Die räumliche Struktur und die nuancierte Detaillierung der neuen Teile leiten ihre gestalterische Qualität nicht nur aus den Anforderungen eines Museums ab, sondern vor allem aus den historischen und kulturellen Ansprüchen, die mit der Zusammenführung von Alt und Neu verbunden sind.

Auch das Kunstmuseum Liechtenstein der Architektengemeinschaft Meinrad Morger und Heinrich Degelo mit Christian Kerez **(Abb. 83 bis 85)**

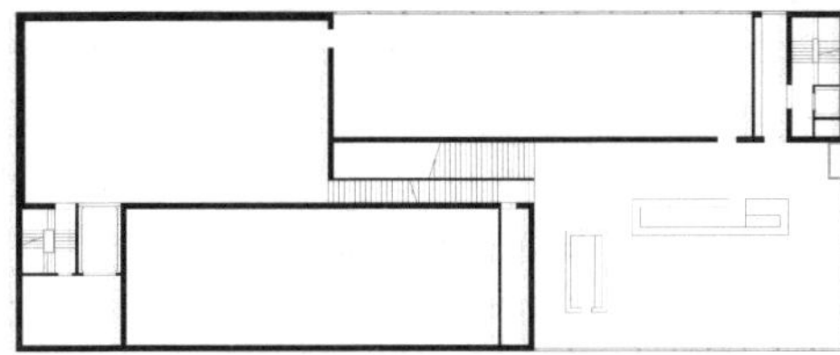

83 Kunstmuseum Liechtenstein, Vaduz 2000, Morger und Degelo mit Cristian Kerez, Erdgeschoss

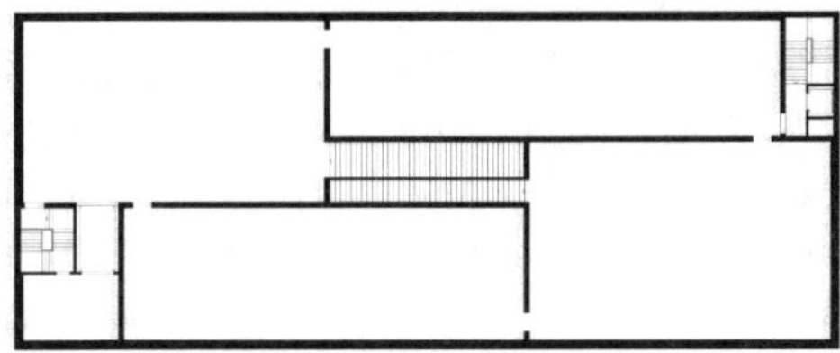

84 Kunstmuseum Liechtenstein, Vaduz 2000, Morger und Degelo mit Cristian Kerez, Obergeschoss

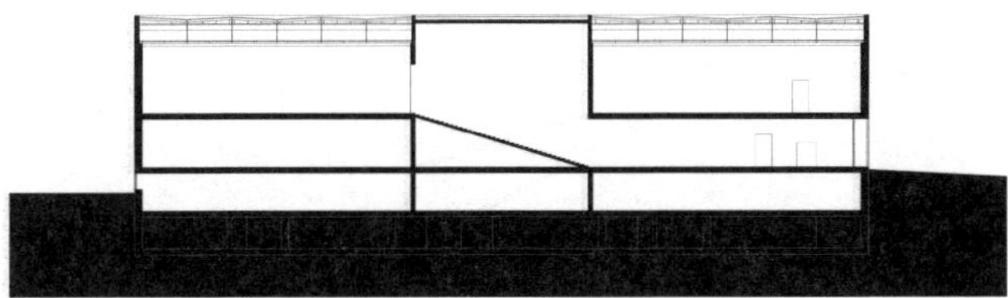

85 Kunstmuseum Liechtenstein, Vaduz 2000, Morger und Degelo mit Cristian Kerez

gehört zu den Museen, die durch Zurückhaltung auffallen. Der Besucher nimmt als erstes eine dunkel glänzende und fugenlose Betonfassade wahr, die mit großem Aufwand geschliffen und poliert wurde. Dieser Baukörper erfüllt ein modernes Ideal: einen fugenlosen, homogenen Körper zu präsentieren, der allein durch seine Proportionen und Materialpräsenz wirkt. Und das tut er. Und er passt sich sehr gut in seine Umgebung ein. Was die Fassade verspricht, wird auch im Inneren eingehalten. Der Grundriss ist verblüffend einfach und selbstverständlich, und wieder kann man vermuten, dass er nicht einfach zustande gekommen ist. Man wird wenige Museen finden, bei denen die Haupttreppe mittig im Gebäude angelegt ist. Oft liegen die Treppen am Rand der Hauptfunktion und leicht versteckt, wie zum Beispiel in Zumthors Museum in Bregenz, in Renzo Pianos Museum in Riehen, in Gigon/Guyers Kirchner Museum in Davos oder in der Galerie Götz von Herzog und de Meuron in München. In diesen Museen sind die Haupttreppen an den Rand außerhalb der Ausstellungsflächen verlegt, um möglichst viel ungestörten Raum für die Ausstellungsräume zu haben. Im Kunstmuseum Liechtenstein hingegen liegt die Haupttreppe im Zentrum der Ausstellungsräume. Dennoch reißt sie die Ausstellung nicht auseinander, denn sie wirkt als Verknüpfung der Geschosse, die den Museumsbesucher wie selbstverständlich in das obere oder untere Geschoss führt und auf halber Höhe bereits die Ausstellung im nächsten Geschoss in den Blick nehmen lässt. Der Treppenraum erscheint also wie ein Durchgang zum nächsten Ausstellungsraum mit einer sehr dicken Leibung.

10 HÖCHSTE RAFFINESSE UND DERBE GEBRAUCHSKUNST – MUSEEN DER VIERTEN GENERATION IN DER MODERNE

> „Die moderne Architektur hat die kommerziellen Interessen subsumierte Formensprache nicht eigentlich mißachtet als vielmehr versucht, sie durch Fortentwicklung und Neuerfindung zu veredeln, um sie damit als Eigenleistung legitimieren und übernehmen zu können. Aber sie verschloß sich gerade der Kombination aus hochentwickelter Raffinesse und derber Gebrauchskunst. Die italienische Landschaft hat immer schon das Vulgäre und das Erhabene miteinander versöhnt: die *contuorni* und den *duomo*, um den sie sich drängen, den Waschkücheneingang des *portiere* und den *portone* des *padrone*, die Reklame für *Supercortemaggiore* und eine romanische Apsis." [55]

Das Kirchner Museum in Davos von Annette Gigon und Mike Guyer ist von Architekten entworfen, die sich nicht mehr eindeutig der dritten Generation zuordnen lassen. Der Museumsentwurf markiert wieder eine Wende in der Entwicklung der Architektur **(Abb. 86 bis 88)**. Ernst Ludwig Kirchner hatte ab 1917 einige Jahre in der Schweiz verbracht und eines seiner Bilder – Blick auf Davos (1924) – zeigt den Ort aus der Vogelperspektive. Auf dem Bild erkennt man die Kirche und daneben das Rathaus, das aus dem frühen 20. Jahrhundert stammen könnte. Blickt man heute aus der Ferne auf die Kirche und das Rathaus, so könnte man meinen, es habe sich zwischenzeitlich nichts verändert. Auch ein aktuelles Luftbild könnte uns zuversichtlich stimmen. Kommt man dem Ort jedoch etwas näher, so beginnt man Schlimmes zu ahnen. Den Besucher, der zum ersten Mal nach Davos kommt, erwartet eine herbe Überraschung. Er findet nicht die Idylle, die man auf Kirchners Bild sieht und die man von einer Stadt erwarten kann, die im 13. Jahrhundert gegründet wurde – eine Stadt, deren Name mit Thomas Manns Roman

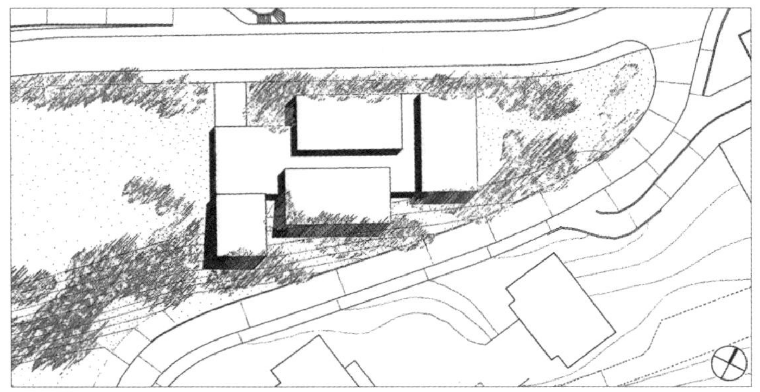

86 Kirchner Museum, Davos 1992, Gigon und Guyer

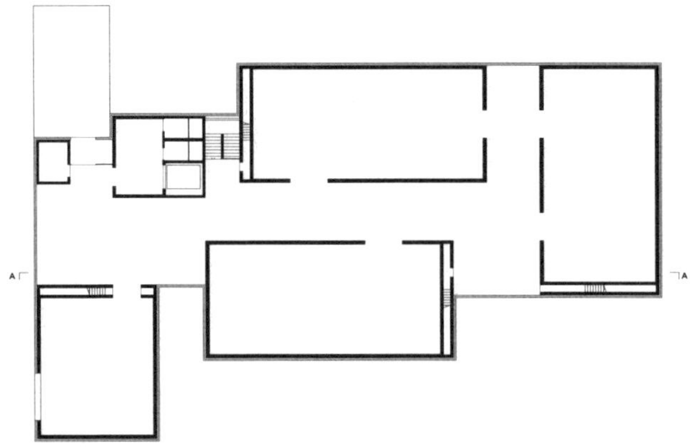

87 Kirchner Museum, Davos 1992, Gigon und Guyer

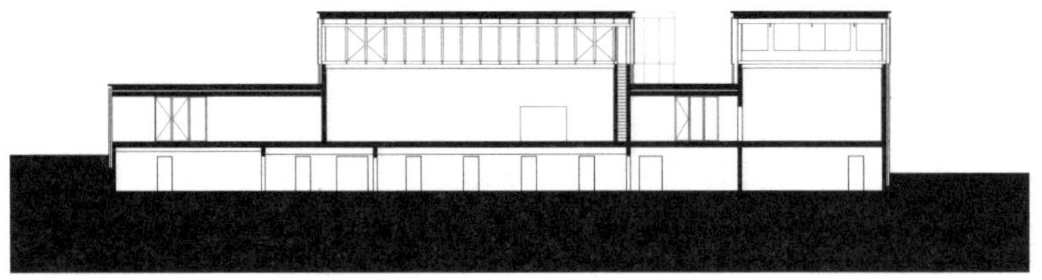

88 Kirchner Museum, Davos 1992, Gigon und Guyer

Der Zauberberg in die Weltliteratur eingegangen ist und darüber hinaus ein Ort, an dem Weltwirtschaftsgipfel stattfinden. Die nachkriegszeitlichen Miseren der Stadtentwicklung sind jedoch auch an der Schweiz, das vom Krieg unzerstört geblieben ist, nicht spurlos vorübergegangen. Auch in diesem Land wird eine moderne Bauordnung eingeführt, die durch Abstandsregeln Stadtraum verhindert, und auch hier treibt das Baugeschäft sein Unwesen. Davos befindet sich gegen Ende des 20. Jahrhunderts in einer baukulturell desolaten Beschaffenheit, einem Zustand mithin, den die dritte und vierte Generation noch fast überall vorfindet. Hegte die erste Generation noch die Hoffnung, das Alte durch ein besseres Neues ersetzen zu können, und war die zweite Generation noch davon überzeugt, zumindest die urbanen Räume der traditionellen Stadt wiederherstellen zu können, ist die dritte und vierte Generation bereits mit so viel Grobschlächtigkeit und Beliebigkeit konfrontiert, dass sie nach Strategien suchen muss, das Vorgefundene kreativ einzubeziehen, und sei es noch so derb. Eben darin erweisen sich Anette Gigon und Mike Guyer als Meister. Sie verfolgen eine Strategie, für die es allerdings Wegbereiter gibt: 1972 veröffentlicht Robert Venturi gemeinsam mit seiner Frau, Denise Scott Brown und Steven Izenour das Ergebnis einer Studie unter dem Titel *Lernen von Las Vegas*:

> „Wir sind der Meinung, dass eine sorgfältige Bestandsaufnahme und Analyse seiner [meint Las Vegas] physischen Formen für die Stadtplaner und Architekten heute genauso wichtig ist wie vormals das Studium der Werke des mittelalterlichen Europa, des antiken Rom und Griechenlands für die früheren Generationen. Die Studie kann vielleicht dazu beitragen, den neuen Typus städtischer Formen näher zu bestimmen, der sich gegenwärtig in Amerika und Europa herausbildet und der sich grundlegend von allem unterscheidet, was wir bisher gekannt haben."[56]

Mit seinem ersten Buch *Komplexität und Widerspruch in der Architektur* übte Robert Venturi Kritik an der modernen Architektur, deren Protagonisten nicht in der Lage seien, Widersprüche und das unvermeidbare Durcheinander der Geschichte zu tolerieren, das 2.000 Jahre europäischer Architekturgeschichte charakterisiert. Im zweiten Buch üben die Autoren ebenfalls Kritik an der Moderne der ersten Generation, die, wie sie ausführen, nicht in der Lage gewesen sei, eine volkstümliche Architektur hervorzubringen. Die Moderne, so ihre Kritik, sei nur imstande, sich mit Bauten der Hochkultur zu messen, nicht aber mit der Alltagskultur, die den viel größeren Anteil der bebauten Umwelt ausmache. In einem Werkvortrag an der ETH Zürich bekennt Anette Gigon, dass sie und Mike Guyer sich intensiv mit *Lernen von Las Vegas* auseinandergesetzt hätten. Am deutlichsten setzen Gigon und Guyer die Lehren, die sie aus diesem Buch gewonnen haben, in ihrem Entwurf für ein Verkehrshaus (2005–2009) in Luzern um, der sich durch einen originellen Umgang mit den banalen und alltäglichen Produkten unserer Zeit auszeichnet.

Doch zurück zum Kirchner Museum in Davos, mit dem Gigon und Guyer 1992 berühmt werden. Der Lageplan – wie auch die Art, mit der er gezeichnet ist – sagt viel über diese Zeit aus. Man wundert sich vielleicht, dass das Museum irgendwo, umgeben von Wohnbauten, am Rand von Davos steht, dort, wo der Ort völlig ausfasert, denn immerhin gehören öffentliche Bauten vom Rang des Kirchner Museums eigentlich in den Ortskern. Verwunderlich ist auch, dass das Grundstück den Zuschnitt einer Restfläche hat, die von der Verkehrsplanung übriggeblieben ist. Oft ist es jedoch so, dass die besten Plätze einer Stadt schon besetzt sind und die sehr klare Strategie, öffentliche Bauten dem Ortskern zuzuordnen, nicht mehr verfolgt werden kann. Wie wären die Rationalisten der zweiten Generation mit diesem Problem umgegangen? Sie hätten wohl städtisch und urban reagiert, vielleicht mit einem Platz. Luigi Snozzi hatte wenige Jahre zuvor in Monte Carasso vorgemacht, wie man mit einem stadträumlich verwilderten Ort verfährt. Er ging auf Spurensuche, rekonstruierte und stärkte alte Stadträume, die durch Fehlplanungen zerstört und vernachlässigt worden waren, und mit Hilfe der Sprache der Moderne heilte er die alte Stadtstruktur und deutete sie um. Die dritte und vierte Generation muss anders reagieren. Spurensuche hilft nicht weiter, da die Peripherie in dieser Hinsicht nicht besonders ergiebig ist. Gigon und Guyer versuchen erst gar nicht, einen klaren urbanen Stadtraum wiederherzustellen. Ihr Lageplan vermittelt den Eindruck einer pragmatischen und unbekümmerten Verteilung der Kuben auf dem Grundstück. Immerhin stellt sich auf einer Seite des Museums eine Abhängigkeit zur Straße ein. Anders als bei den Entwürfen von Luigi Snozzi jedoch wird hier der Eindruck erweckt, es mit einem Vorentwurf zu tun haben und nicht mit dem Lageplan eines ausgereiften Entwurfes. Snozzi hat mit dem Lageplan immer die wichtigsten Entscheidungen seiner Entwürfe getroffen, hier jedoch wirkt er lässig und unbekümmert.

Sehr rasch verschwindet dieser Eindruck jedoch bei Betrachtung des Grundrisses und des fertigen Gebäudes. Der Grundriss lässt sich weder der Postmoderne zuordnen, die die Wiederentdeckung des gefassten Raumes gefeiert hat, noch kann man ihn in der Moderne der ersten Generation verorten, die alle Möglichkeiten des fließenden Raumes bis an seine Grenzen erforscht hatte. Gigon und Guyer entziehen sich dem Entweder – Oder. Unbelastet von ideologischen Polemiken bedienen sie sich der Vorteile beider Raumkonzepte und fügen sie zu einem harmonischen Ganzen. Die Ausstellungsräume des Kirchner Museums folgen dem Prinzip des gefassten und der Flur dem des fließenden Raumes. Warum braucht dieses Museum einen so geräumigen Flur und warum folgt der Flur, im Gegensatz zu den Ausstellungsräumen, den Regeln des offenen Raumes? Warum sind die Ausstellungsäume nicht einfach direkt aneinandergefügt, wie es üblich ist? Es ist offensichtlich, dass die Architekten bemüht waren, alles, was die Ausstellung hätte stören können, aus dem Weg zu räumen. Dies betrifft vermutlich nicht nur die Lage des Eingangs, der Toiletten, der Garderobe und des Empfangs, sondern auch die Lage der Fenster.

Der Grundriss zeigt eine sehr geschickte Verteilung der Funktionen. Eine Trennung von Haupt- und Nebenfunktionen ist kaum spürbar, da diese Bereiche fließend ineinander übergehen. Das lässt sich nur mit den Prinzipien des offenen Raumes realisieren: am Eingang hat der Besucher Einblick in fast alle Räume, im Ausstellungsbereich hingegen sieht man nur die Öffnungen der Ausstellungskuben. Die Toilette, die Garderobe und der Empfang liegen außerhalb des Blickfeldes. So bleibt alles leicht zugänglich, ohne störend wirken zu können. Der Flur, den es in vielen Museen nicht gibt, erlaubt den Architekten hier störendes natürliches Licht und störende Ausblicke aus dem Ausstellungsbereich herauszuhalten. Mit dieser Anordnung können die Architekten die Ausstellungsräume im Sinne des *white cube* gestalten: es gibt nur den puren weißen Raum und die Kunst. Doch weiße, neutrale Räume können auf Dauer ermüdend sein, und ein gelegentlicher Austritt aus dem Ausstellungsraum kann die Wahrnehmungsfähigkeit des Besuchers regenerieren. Gleichzeitig verleiht der große Flur dem kleinen Museum etwas Großzügiges. Wie in Zumthors Museum in Bregenz fällt das Licht nicht über Oberlichter ein, sondern es wird seitlich über einen hohen Deckenraum eingeführt. In Davos hat diese Lösung jedoch einen anderen Grund: häufige Schneefalltage bringen es mit sich, dass Dächer über mehrere Monate im Jahr mit Schnee bedeckt bleiben.

89 und **90** Erweiterung Kunstmuseum Winterthur, 1995, Gigon und Guyer

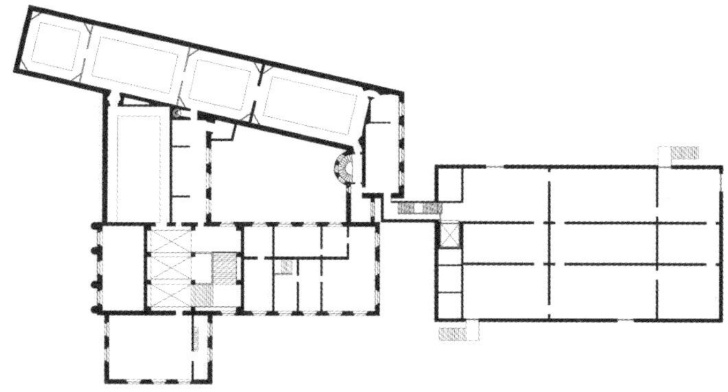

91 Erweiterung Kunstmuseum Winterthur, 1995, Gigon und Guyer

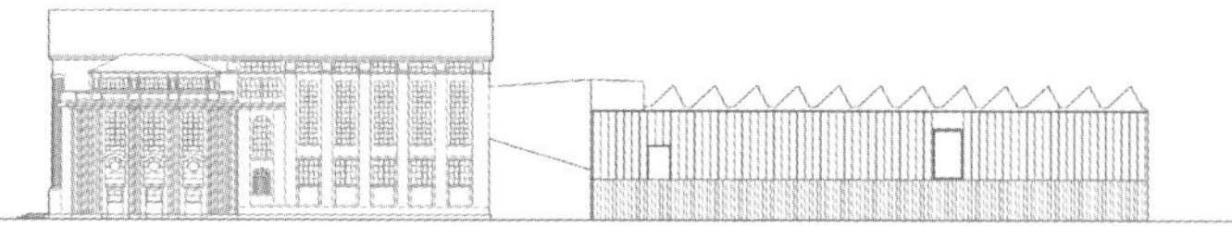

92 Erweiterung Kunstmuseum Winterthur, 1995, Gigon und Guyer

Das Museum in Winterthur **(Abb. 89 bis 92)** ist das zweite Museum der Architekten Gigon und Guyer. Es ist die Erweiterung eines bestehenden Museums, das 1915 gebaut wurde, aber noch aussieht wie ein Museum aus dem 19. Jahrhundert. Und wie alle Museen des 19. Jahrhunderts macht es einen sehr soliden und gediegenen Eindruck, es ist ein Gebäude, das wie für die Ewigkeit gebaut wurde. Die Erweiterung von Gigon & Guyer hingegen wird als Provisorium entworfen und auch das sieht man; die Zeichnungen zeigen eine sehr leichte Konstruktion. Das Gebäude durfte nur 4 Millionen Franken kosten, was auch im Jahr 1995 sehr wenig war. 2006 sollte die Erweiterung wieder demontiert werden, um an seiner Stelle dann einen neuen, permanenten und sehr viel teureren Anbau vorzusehen. 2006 entscheidet die Stadt jedoch, die Demontage zu verschieben – möglicherweise gibt es zu der Zeit noch nicht genügend Geld, um einen besseren Anbau zu errichten. Aber das ist nicht der einzige Grund, wenn es überhaupt ein Grund ist: der Anbau erregt seinerzeit sehr viel Aufsehen, es kommen zahlreiche Architekturtouristen speziell nach Winterthur, um sich den Bau anzuschauen, sodass die Stadt Abstand davon nimmt, das Provisorium abzureißen. Sieht man den Anbau vor Ort, so versteht man dies sogleich: die architektonische Qualität ist viel zu hoch. Die Tatsache, dass dieses Gebäude als Provisorium geplant wird, erklärt wohl einiges, wie zum Beispiel sein leichtes und vergängliches und fabrikartiges Aussehen. Es begründet jedoch nur unvollständig seine besondere Ästhetik. Das Kirchner Museum sieht nicht erheblich solider und werthaltiger aus als die Museumsergänzung in Winterthur, und man könnte zurecht fragen, ob es ohne seine Bestimmung als Provisorium anders ausgesehen hätte: vielleicht nicht solider oder werthaltiger, aber man hätte sich wohl für ein anderes Oberlicht entschieden, für eines, das über eine aufwendige Technik zu steuern wäre, analog zu der Lösung in Davos. Das in Winterthur realisierte Scheddach ist wohl das einfachste Oberlicht, das man sich vorstellen kann, und es ist nicht ganz unproblematisch, da es Schlagschatten im Raum erzeugt. Möglicherweise auch hätte man sich wieder für einen Flur entschieden, unter Verzicht auf Fenster in den Ausstellungsräumen. Die Tatsache, dass es sich hier um ein temporäres Museum handelt, das in ein paar Jahren wieder verschwunden sein sollte, hat möglicherweise den Druck weggenommen, die ganz sichere und erprobte Lösung anzustreben. So entlastet, hat man etwas riskieren können und die unkonventionelle Lösung angestrebt. Man hat auf ein aufwendiges Oberlicht und eine komplexere Grundrissanordnung verzichtet, um so einen mutigeren Ansatz zu verfolgen als in Davos

Worin liegt das Geheimnis dieses Entwurfes? Man sieht keine besonderen und teuren Materialien, man sieht keine besonderen Formen und keine besondere Grundrissanordnung. Verwendet wurden Materialien, Formen und eine Grundrissanordnung, die allen Architekten zur Verfügung stehen. Hier zeigt sich die Begabung der Architekten Gigon und Guyer, die zudem, aus der Position der dritten Generation, ein Gespür dafür entwickeln, wie man Edles und Gewöhnliches miteinander verbindet. Stört es, dass das Sockelgeschoss eine ganz gewöhnliche Garage ist? Wohl eher nicht, aber wohl auch deshalb nicht, weil das Gebäude von Bäumen eingerahmt wird, die eine gewisse Raumqualität garantieren. Unter diesem Aspekt wird auch verständlich, warum die Architekten Fenster im Ausstellungsraum zulassen. Von außen mag das Gebäude zwar aussehen wie ein Industriegebäude, das Innere des Gebäudes macht dem Betrachter jedoch deutlich, dass es einen wertvollen Inhalt birgt, und dass dieses Gebäude, wie das benachbarte Haupthaus ein Schatzhaus ist. Die Kombination von Natur, Garage, Fabrikästhetik und Schatzhaus bewirkt, dass das Gewöhnliche nicht mehr gewöhnlich aussieht. Es ist also die Mischung, die hier zum Erfolg führt. Im Inneren des Gebäudes setzt sich diese Mischung als kalkulierte Gegensätzlichkeit fort. Die Brücke, die das alte Museum mit der Erweiterung verbindet, ist mit Holz ausgekleidet, was diesem Durchgangsraum eine gewisse Distinguiertheit verleiht. Man erblickt von hier aus aber schon den Boden des Erweiterungsbaus, der aus einem gewöhnlichen, wenn auch polierten Estrich gefertigt ist, um damit die Eleganz des Durchgangsraums noch mehr zu betonen. Über das einfache Scheddach im Ausstellungsraum wird das Licht nicht so gleichmäßig in die Ausstellungsräume verteilt wie im Davoser Beispiel. Es gibt einen leichten Schattenwurf, wenn auch nur im oberen Bereich der Wand. Bei einem Exkursionsbesuch berichtete der Architekt, der uns den Bau erklärte, dass die günstigste Neigung der Dächer anhand sehr vieler Modelle ermittelt worden sei. Man habe auf diese Weise experimentell die optimale Raumhöhe erprobt und herausgefunden, ab welcher Linie der Schlagschatten blasser wird, um damit die notwendige Höhe der Bildhängung zu bestimmen. So wurde erreicht, dass der Schatten nicht nur wenig stört, sondern im Gegenteil die Stimmung im Raum lebendiger und nicht so steril wirkt wie in Davos. Auch die Fenster stören die Ausstellung nicht, sondern sie tragen dazu bei, dass der Raum insgesamt frischer und lebhafter wirkt.

Auch im nächsten Beispiel vermischt sich Edles und Gewöhnliches, manchmal sogar auf eine sehr überraschende Art und Weise. Das Kunstmuseum Liner in Appenzell **(Abb. 93 bis 96)** wird nicht als Provisorium geplant und dennoch orientieren die Architekten sich nicht an ihrem ersten, etwas aufwendigeren Museum, sondern an dem einfacheren in Winterthur. Wie sähe dieses Museum wohl ohne die Erfahrung in Winterthur aus? Auf alle Fälle zeigt sich jetzt eine Präferenz der Architekten für das Scheddach, obwohl das Baubudget eine aufwendigere Lösung zugelassen hätte. Hier gibt es jedoch eine Variante, die auf den ersten Blick rätselhaft erscheint: das Oberlicht am Eingang ist nach Süden gerichtet, während die Oberlichter in den Ausstellungsräumen nach Norden weisen. Das hat zur Folge, dass der Eingangsraum hell ist, während das Licht in den Ausstellungsräumen gedämpft wirkt. Das ist nicht nur sachgerecht, da Ausstellungsräume kein direktes Licht vertragen, es steigert auch das Raumerlebnis, da sich ein Lichtwechsel einstellt, der gerade weiße und gleichförmige Räume auszudifferenzieren vermag. Das ist kein neues Thema, dieser Kunstgriff lässt sich auch in Museen des 19. Jahrhunderts bereits finden. Steen Eiler Rasmussen nennt das Faaborg Museum in Dänemark.[57] Der Grundriss des Liner Museums sieht relativ einfach und konservativ aus, doch ist er dies keineswegs. Es gibt einige kluge Variationen, die man der stringenten Ordnung auf Anhieb nicht ansieht: die Raumgrößen und die Raumhöhen variieren und damit verändert sich in jedem Raum die Lichtintensität. Einige Räume haben Fenster, andere wiederum nicht. Wie in Peter Märklis Museum, so lässt sich auch hier erkennen, wie minimale Veränderungen einen Raumtypus deutlich modifizieren können. Zu den kleinen Variationen gehört auch der Richtungswechsel in fast jedem Raum. Es gibt keine Türfluchten, was zur Folge hat, dass das Museum größer erscheint als es eigentlich ist. Der Besucher verliert schnell den Bezug zu den Räumen, die er hinter sich gelassen hat, und er kann das ganze Ausmaß des Museums nicht mit einem Blick erfassen.

Die Fenster geben ein kleines Rätsel auf. Das Museum könnte wegen der Oberlichter ganz auf Fenster verzichten, und dennoch scheinen diese hier eine wichtige Rolle zu spielen, die sich nicht sogleich durchschauen lässt. Bemerkenswert ist, dass sie einen Ausblick auf wenig attraktive Außenräume mit Garagen und Parkplätzen freigeben. Daran jedoch scheinen sich die Architekten nicht gestört zu haben, sondern sie kultivieren geradezu diese Ausblicke auf das Alltägliche und Banale. Vielleicht war

93 | 94 Kunstmuseum Liner, Appenzell 1998, Gigon und Guyer

es auch ihr Anliegen, der Idee der kostbaren Schatzkammer entgegenzuwirken. Im Museum in Winterthur hat man den Eindruck, die Architekten experimentierten mit dem Fenster im Ausstellungsraum, so, als sei man sich der Wirkung noch nicht ganz sicher. Im Liner Kunstmuseum scheint man sich dessen gewiss geworden zu sein. Von außen sehen die Fenster aus wie Fernsehschirme, was als Absicht nachvollziehbar wäre, denn das Museum will den Blick für eine andere Welt öffnen als die des Dorfes. Im Foyer erscheint das Fenster schließlich wie ein Breitwandkino, hinter dem die enge Welt des Dorfes exotisch wirkt wie ein Bild von Edward Hopper.

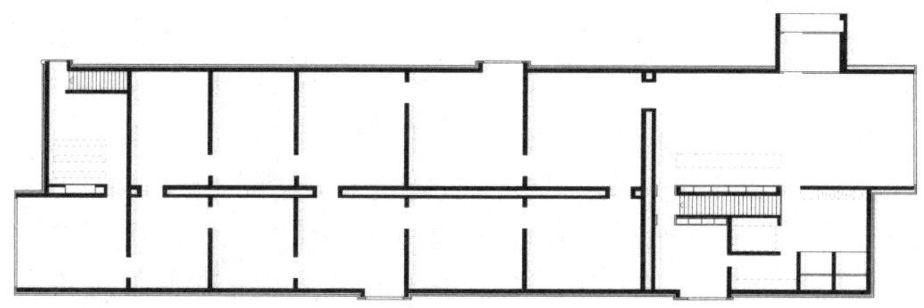

95 Kunstmuseum Liner, Appenzell 1998, Gigon und Guyer

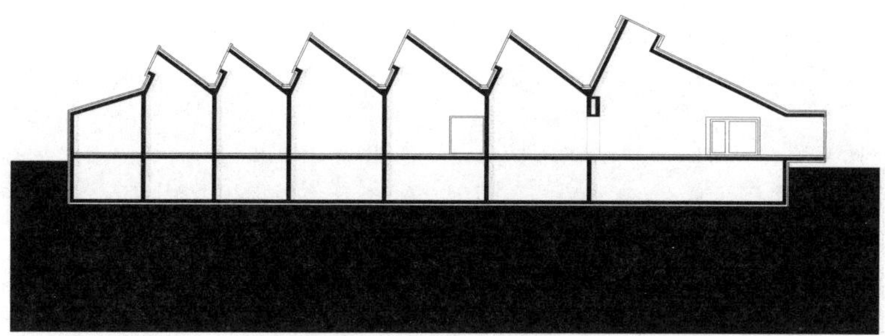

96 Kunstmuseum Liner, Appenzell 1998, Gigon und Guyer

11 KÜNSTLER ENTWERFEN MUSEEN

Die Beispiele aus dem vorherigen Kapitel haben gezeigt, wie unter den misslichen Voraussetzungen einer fehlenden Baukultur doch noch etwas gewonnen werden kann. Es ließ sich nachvollziehen, wie der resignierte Rückzug einerseits in Utopien und andererseits in eine veredelte und exklusive Moderne mit ihren Tendenzen zum Ausblenden jeder kommerziellen und ambitionslosen Formensprache vielerorts nicht geeignet ist. Unsere Zeit leidet nicht an einem Übermaß an banalen Bauten, sondern an einer mangelnden Bereitschaft, Banales dort in das Entwurfskalkül miteinzubeziehen, wo dies sinnvoll möglich wäre. Gewöhnliches mit Edlem zu kombinieren ist, wie Venturi, Scott Brown und Izenour feststellten, kein neues Thema. Ihr Hinweis auf die italienischen Beispiele zielt auf eine Art Symbiose zwischen dem beabsichtigten Edlen und dem unbeabsichtigten Gewöhnlichen. Diese Art von Symbiose kann man der Planung von Gigon und Guyer im Kunstmuseum Liner unterstellen, wo die Ausstellungsräume einen Ausblick auf billige Garagentore und ordinäre Parkplätze miteinbeziehen.

Nach der traditionellen Auffassung sollte das Kunstmuseum stets das Erhabene und Besondere zeigen und nicht das Gewöhnliche, und es bedurfte dazu einer erhabenen und besonderen Umgebung. Seit Beginn des 20. Jahrhunderts jedoch beginnen Künstler, das offenbar Beiläufige in die erhabene Umgebung der Kunstmuseen mit einzubeziehen, so wie dies Marcel Duchamps mit seinen *Readymades* pointiert vorgemacht hatte. Das Urinal in einem Museum ausgestellt – in einem Schatzhaus mithin – hat eine deutlich andere Botschaft zu vermitteln als das gleiche Objekt in einer Fabrikhalle.

Wenn Marcel Duchamp zu Beginn des 20. Jahrhunderts ganz gewöhnliche Gebrauchsgegenstände in den edlen Museumsräumen des 19. Jahrhunderts ausstellte, so wird in der zweiten Hälfte des 20. Jahrhunderts oft für das Museum produzierte Kunst auch in Räumen ausgestellt, in denen sie hergestellt wird: in Räumen, die wie Ateliers oder Werkhallen aussehen. Auch hier entsteht ein Gegensatz zwischen dem erhabenen Kunstwerk und der alltäglichen Umgebung. Möglicherweise geht es hier aber nicht nur um diesen Gegensatz, sondern auch darum, die Kunst mit ihrer Produktionsstätte in Verbindung zu bringen. Künstler haben es zwar nicht gern, wenn man ihnen beim Arbeiten über die Schulter schaut, doch gibt es einen Zeitpunkt, an dem sie das Gefühl haben, jetzt müsse das Werk an die Öffentlichkeit. Dazu fügt sich eine Beobachtung von Remy Zaugg:

> „Ich wollte die Malerei. Aber je mehr das Bild Gestalt gewann, desto stärker öffnete es sich auf die Wand, an der es hing, dann auf die vier Atelierwände, und schließlich wies es hinaus auf die Welt. Auf die Auseinandersetzung mit der Malerei folgte die Auseinandersetzung mit der Architektur und der Stadtplanung, das heißt mit der Stadt der Menschen und mit den Menschen der Stadt."[58]

Mit zu den sinnfälligsten Beispielen, diese Beobachtung zu veranschaulichen, können die zu Ausstellungsräumen umgebauten Militärhallen und Militärbaracken des US-amerikanischen Künstlers Donald Judd zählen **(Abb. 97 bis 99)**. Die Veränderungen sind minimal, aber dafür so feinfühlig und sinnlich, dass diese eigentlich alltäglichen Bauten einen hohen ästhetischen Reiz bekommen, ohne dabei ihre industrielle Anmutung zu verlieren. In diesen Räumen stellt Judd seine eigene Kunst aus, die auch zum Teil hier produziert worden ist. Dass diese Räume, die vorher keinen Anspruch auf qualitativ hochwertige Architektur hatten, diesen nun zurecht erheben dürfen, ist der Kompetenz eines Künstlers zu verdanken, der zwar über keine architektonische Ausbildung verfügt, dafür aber seine ganze Erfahrung als Bildhauer und Gestalter von Möbeln in den Dienst der Architektur zu stellen vermag. Wodurch zeichnen sich diese Qualitäten aus? In einem alten Flugzeughangar entfernt Judd den Bodenbelag und stößt auf einfache Streifenfundamente, die aus bautechnischen Gründen und ohne ästhetische Absicht in einem regelmäßigen Muster verlegt sind. Er verfüllt die Zwischenräume teilweise mit Kies und teilweise mit Beton, und das Muster, das nur noch schwach an den alten, statischen Zweck erinnert, lenkt nun die Aufmerksamkeit auf seine ästhetische Wirksamkeit und auf Judds Formvorstellungen. Das gleiche geschieht mit der Hülle, mit den vier Wänden, die durch eine minimale Neuordnung der Fenster und Türen nun eine fast sakrale Wirkung entfaltet, und dies gelingt wiederum, ohne

97 Chinati Foundation 'Arena', Marfa Texas ab 1979, Donald Judd

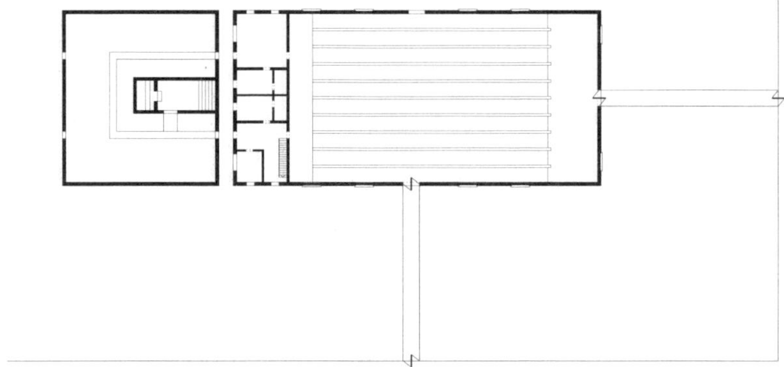

98 Chinati Foundation 'Arena', Marfa Texas ab 1979, Donald Judd

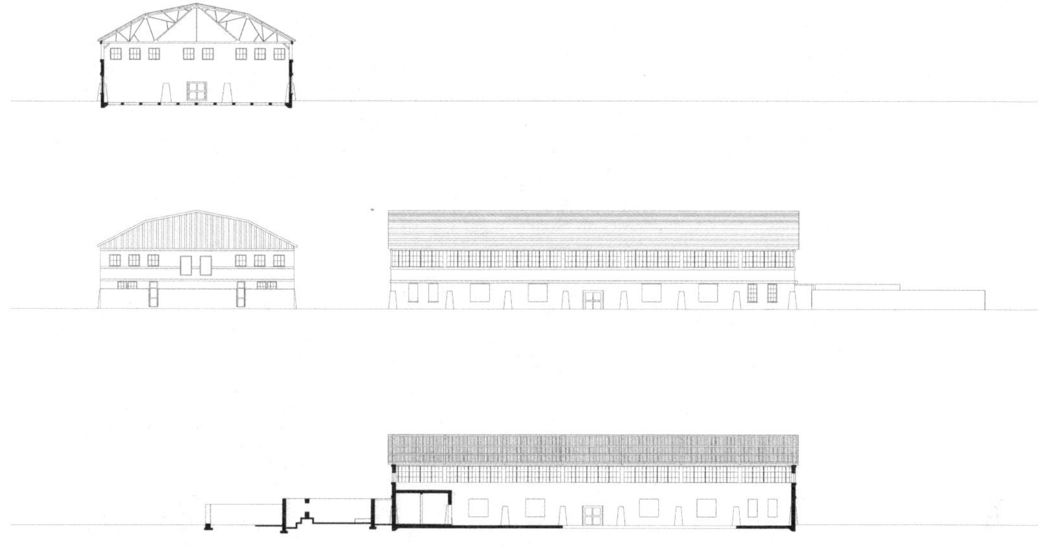

99 Chinati Foundation 'Arena', Marfa Texas ab 1979, Donald Judd

dass die Erinnerung an die ursprüngliche Bestimmung des Gebäudes dabei verloren ginge. Wie bei den Museumsbauten von Gigon und Guyer haben wir es auch hier mit einer Aufwertung zu tun, die weder kostspielig noch aufwendig ist. Es ist eine Veredelung, die durch abstrakte und klassische gestalterische Mittel wie Rhythmus, Proportion und Symmetrie zustande gekommen ist, nicht durch teure Materialien und nicht durch aufwendige Formen. Zu berücksichtigen ist, dass in den frühen 1980ern, als Judd diese Räume geschaffen hat, viele tonangebende Architekten noch einer postmodernen Formensprache folgten, die durch ihre überzogenen und effekthascherischen Formen Künstler wie Donald Judd irritieren mussten. „Museen sind zu einem übertriebenen, verzerrten und leeren Ausdruck von Architekten geworden, die meist zu echtem *Ausdruck* nicht fähig sind."[59]

Ein anderer Künstler, der sich in den 1980ern einen Namen als Architekt gemacht hat, ist Erwin Heerich. Relativ spät im Leben entdeckt er, dass Architektur sein eigentliches Metier ist. Im Alter von 60 Jahren entwirft er Ausstellungsräume für den Kunstsammler Karlheinz Müller auf der

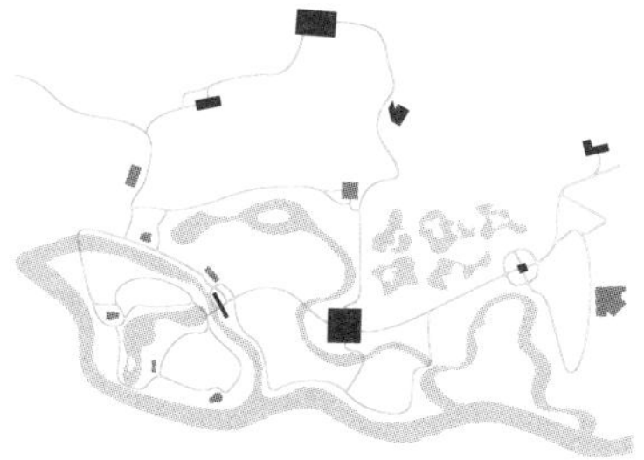

100 Museum Insel Hombroich, 1987, Erwin Heerich

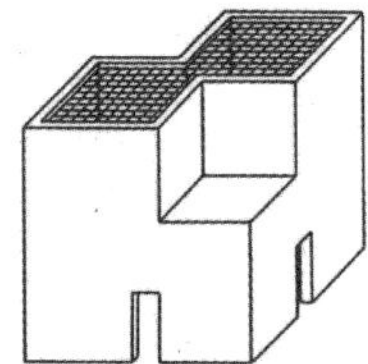

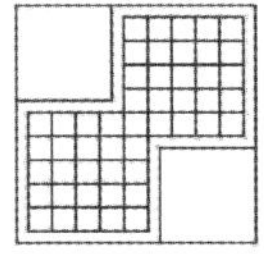

101 Museum Insel Hombroich, 1987, Erwin Heerich, Turm

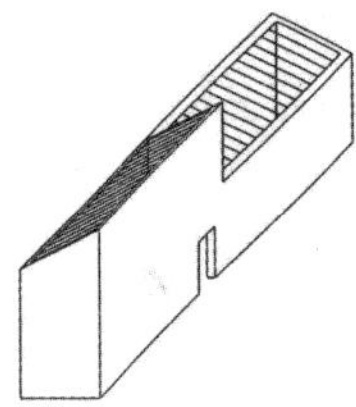

102 Museum Insel Hombroich, 1987, Erwin Heerich, Hohe Galerie

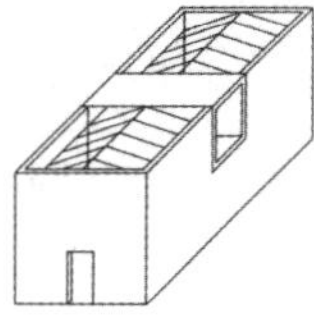
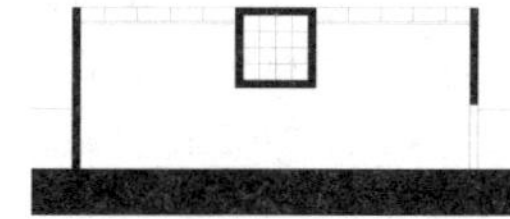

103 Museum Insel Hombroich, 1987, Erwin Heerich, Tadeusz-Pavillon

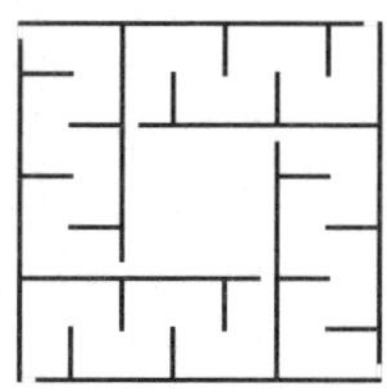
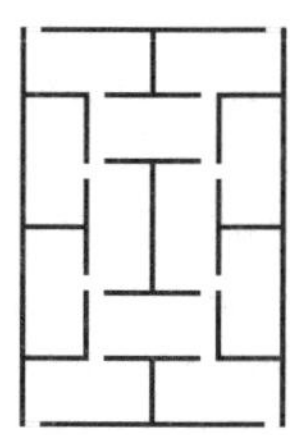
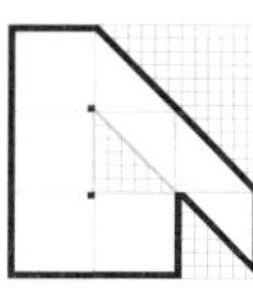

104 Museum Insel Hombroich, 1987, Erwin Heerich, Labyrinth, Zwölf-Räume-Haus

Insel Hombroich bei Neuss **(Abb. 100 bis 104)** Heerich zufolge sollen diese Bauten begehbare Skulpturen sein. Max Frischs Beobachtung, Bertold Brecht denke mit einer ungeheuren Unbedingtheit, weil er an vieles nicht denkt, scheint auch auf Erwin Heerich zuzutreffen. Als nicht ausgebildeter Architekt hat er den Vorteil, dass er sich unbelastet von akademischen Rücksichten auf das Wesentliche, nämlich auf den Raum und auf die Baugestalt, konzentrieren kann. Heerichs Bauten ignorieren vieles, was sonst im Museumsbau traditionell als wichtig erachtet wird: Klimakontrolle oder eine Sicherung der Bilder gibt es kaum und die Ausstellungsräume sind in kleineren Bauten untergebracht, die auf einem großen Gelände weit auseinanderliegen. Bei Regen und Kälte ist ein Besuch auf der Museumsinsel kaum möglich, da die einzelnen Ausstellungsbauten weit auseinanderliegen. Hier ist alles etwas anders und einfacher als anderswo. Das macht den Ort jedoch einzigartig und Architekten können Einiges von diesen kleinen und scheinbar einfachen Bauten lernen. Zum einen trägt zu den besonderen Eigenschaften bei, dass Heerich die Arbeitsweise eines Bildhauers hat: sein Zugang ist nicht die des Addierens, sondern die des Subtrahierens. Bildhauer haben so über Jahrhunderte gearbeitet, indem sie etwas aus einem rohen Stein herausgemeißelt haben.

Ein zweites Thema, das Beachtung verdient, ist Heerichs Umgang mit der Symmetrie. Lange wurde diese von der Moderne als ein zu einfaches und reaktionäres Mittel der Grundriss- und Fassadenkomposition verachtet, als ein Gestaltungsmittel, das ein Gebäude zu statisch und zu pompös wirken lasse. Mag dies ein Vorwurf sein, den einige postmodernen Bauten wiederum zu bestätigen scheinen, so wirkt Heerichs Verwendung der Symmetrie wie eine neue und hilfreiche Klärung. Symmetrie ist an sich weder gut noch böse, weder antidemokratisch noch demokratisch, sie muss weder statisch noch pompös sein, sondern sie ist, wie auch die Asymmetrie, ein Mittel der Komposition, bei der es auf die Absicht und die Handhabung ankommt. Heerich verwendet nicht mehr nur die reine Achsensymmetrie, mit der die Bauten des 19. Jahrhunderts über eine Zentralachse, zumeist auf der Längsfassade, in zwei gleiche Teile geteilt wurden. Die Grundrisse auf der Museumsinsel Hombroich variieren dies: einmal lässt sich der Grundriss axialsymmetrisch spiegeln, dann wieder über die Diagonalen. Manchmal wird die Symmetrie dort gestört, wo sich ein Gebäude auf allen Seiten und über die Diagonalen spiegeln lässt, um seine Symmetrie eigentlich nur im Grundriss, nicht in der Ansicht zu erkennen zu geben. Manche Grundrisse lassen sich nur im Windmühlenprinzip spiegeln. Und hier finden wir dann auch logischerweise eine tangentiale Erschließung, die man üblicherweise mit dem modernen, offenen Raum in Verbindung bringt.

Ein weiteres Charakteristikum, dass schon im vorherigen Kapitel erwähnt wurde, findet sich in der Ausleuchtung der Räume. Durch einen Richtungswechsel der Oberlichter oder durch unterschiedliche Raumhöhen verändert sich die Lichtintensität von Raum zu Raum. Die einzelnen Räume setzen sich leicht voneinander ab, was sich positiv auf die Lesbarkeit der Räume und Raumfolgen auswirkt. Das kann besonders dann ein Vorteil sein, wenn alle Räume weiß gefasst sind.

12 DAS LAGER ALS ÖFFENTLICHES MUSEUM

Die Geschichte des Museums handelt nicht nur von seiner räumlichen Entwicklung, sondern auch von seiner fortschreitenden funktionalen Ausdifferenzierung. Neben den vier Kernaufgaben des Museums – Sammeln, Ausstellen, Bewahren und Forschen – kommen im 20. Jahrhunderts in einigen Fällen mehrere Begleitfunktionen hinzu, wie z. B. der Vortragsraum, Räume für Workshops, ein Buchladen und Räume für die Beköstigung der Besucher. Im 19. Jahrhundert beträgt das Verhältnis von Ausstellungsfläche zu Flächen für dienende Nutzungen 9:1 – also auf 9 Quadratmeter für die Kunst kommt ein Quadratmeter für Lager und Verwaltung. Heute können auf einen Quadratmeter Fläche für die Kunst zwei Quadratmeter für dienende Nutzungen kommen. Mit dem Anwachsen der Sammlungen hat sich besonders das Depot in einem erheblichen Maß vergrößert. Walter Grasskamp hat die Probleme, die daraus erwachsen, sehr plastisch beschrieben:

> „Dabei wachsen sie [die Museen] vor allem nach innen, denn es werden systematisch mehr Sammelobjekte erworben, als das Museum überhaupt zeigen kann. Die Differenz zwischen Depotbeständen und den vergleichsweise wenigen Exponaten in den Schauräumen wächst ebenso rapide wie inkongruent und so entsteht – das fünfte Paradox – eine spezifische Dynamik des Verbergens. Schätzungen auf die man in diesem Feld angewiesen ist, vermuten 95 bis 99 Prozent der Bestände in den Depots."[60]

Vor etwa 20 Jahren kommen Schweizer Kuratoren zusammen mit den Architekten Herzog und de Meuron in Basel auf den Gedanken, einen neuen Museumstypus zu entwerfen: kein Museum mit einem eigens ausgewiesenen Depot, sondern ein Lager, in dem zugleich ausgestellt wird **(Abb. 105 bis 107)**. Künstler können sich hier, wie in einem Hotel, Zimmer mieten, jedoch nicht für sich, sondern für ihre Kunst, die darin fachgerecht gelagert wird. Das *Schaulager*, wie es genannt wird, bietet auch Räume an, in denen

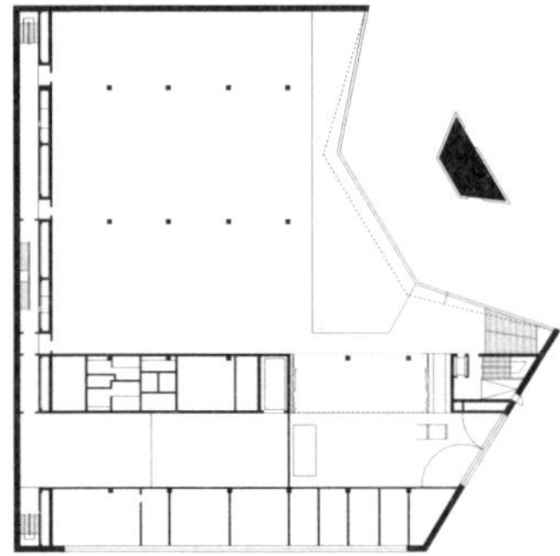

105 Schaulager, Münchenstein Basel 2003, Herzog und de Meuron, Erdgeschoss

106 Schaulager, Münchenstein Basel 2003, Herzog und de Meuron, Obergeschoss

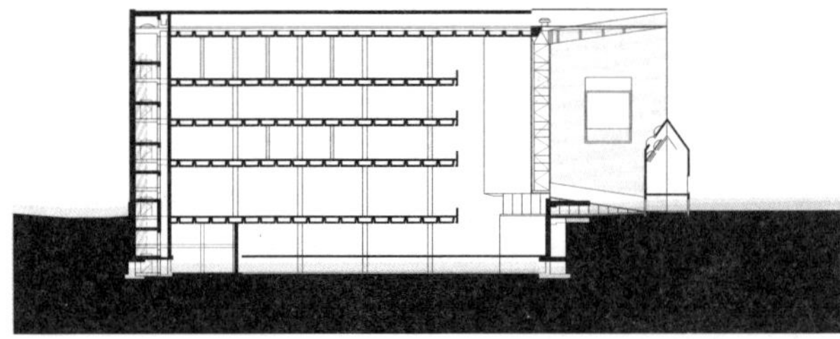

107 Schaulager, Münchenstein Basel 2003, Herzog und de Meuron,

Kunst ausgestellt werden kann. In diesem Gebäude wird das gewohnte Schema des Museums auf den Kopf gestellt. Normalerweise ordnet man die Depots im Untergeschoss an, da sie keine öffentliche Präsenz benötigen. In diesem Museum aber hat das Lager die größte öffentliche Präsenz. Hier verschwinden die Forscher und Spezialisten nicht im Keller, um einer wichtigen Aufgabe des Museums nachzugehen: in diesem Museum sind Künstler und Forscher die Hauptnutzer. Die interessierte Öffentlichkeit hat ebenso Zugang zum Schaulager. Ausstellungs- und Depotflächen sind mit einem hohen Luftraum verbunden, sodass es keine optische Trennung zwischen diesen beiden Bereichen gibt. Es fällt auf, dass der Luftraum, der den Ausstellungs- und Lagerflächen vorgeschaltet ist, entscheidend zur öffentlichen Ausstrahlung des Schaulagers beiträgt. Auch außen, auf der Eingangsseite, gibt es eine große öffentliche Geste. Für ein Gebäude, das mehr Lager als Ausstellungsfläche sein soll, wäre dies bemerkenswert. Vielleicht liegt darin die Absicht, nicht den Gedanken aufkommen zu lassen, das Gebäude sei nur ein Lager. Vor dem Eingang steht ein kleines Haus, das sich im maßstäblichen Vergleich zum Schaulager – wie auch in seiner Form – wie eine Hundehütte ausnimmt. Vielleicht soll dies mit ein wenig Augenzwinkern darauf hinweisen, dass es einen Hund gibt, der die Kunst bewacht.

13 DAS MUSEUM ALS HOCHHAUS

Die frühe Moderne schreibt sich nicht nur den fließenden Raum auf ihre Fahnen, sondern auch das Hochhaus, das im Verlauf des 20. Jahrhunderts für das Neue in der Architektur steht. Die Stadt des 19. Jahrhunderts setzt sich aus den unterschiedlichsten Bautypen zusammen: aus allgemeinen und besonderen Bauten, aus Einzel- und zusammengesetzten Bauten, aus Blockrandbebauungen und aus Zeilenbauten, nicht zuletzt aus Hof- und Atriumbauten. Die Hochhausstadt wird, wie der Name schon sagt, von *einem* Bautyp dominiert: dem Hochhaus. Und je näher wir an die Gegenwart kommen, desto häufiger finden wir öffentliche Einrichtungen in Hochhäusern. Ohne große Mühe kann man mehr als nur ein Beispiel für jede öffentliche Funktion zeigen. Können wir ausschließen, dass sich in nächster Zukunft das Museum, das Theater, die Bibliothek oder das Rathaus im Hochhaus befinden werden? Wie wird man diese öffentlichen Bauten, integriert in eine Hochhausstadt, überhaupt erkennen? In der antiken Stadt gab es eine Vielzahl an öffentlichen Bauten, die als öffentliche Institutionen umstandslos zu erkennen waren. In der mittelalterlichen Stadt schrumpft diese Vielzahl auf die Kirche und das Rathaus. Es dauert dann ungefähr 1200 Jahre, bis es in der europäischen Stadt im 19. Jahrhundert wieder eine große Anzahl an öffentlichen Bauten gibt, doch erst im 19. Jahrhundert präsentieren sie sich auch wieder erkennbar als öffentliche Institutionen. Dies ist in der reinen Hochhausstadt des 20. und 21. Jahrhunderts nun nicht mehr der Fall. Werden wir es in Zukunft hauptsächlich mit Städten zu tun haben, in denen die öffentlichen Bauten nicht mehr von Bürohäusern zu unterscheiden sind?

Zu Beginn des 20. Jahrhunderts wurde das Hochhaus vor allem in den USA als Ikone des Fortschritts verstanden. Auch wenn dies in Europa nicht so ausgeprägt war, gab es kaum einen bedeutenden europäischen Architekten, der nicht ein Hochhaus entworfen hätte. Realisieren konnten viele deutsche Architekten der ersten Generation diese jedoch zunächst nur in den USA. In Europa wird dieser Bautyp nie ganz und nicht ohne emotional aufgeladene Kritik akzeptiert. Das ist verständlich, denn die Europäische

Stadt hat eine andere Struktur, eine andere Form und Entwicklungsgeschichte als die Nordamerikanische Stadt des 20. Jahrhunderts. Die europäische Stadt betont über Jahrhunderte den Stadtraum und weniger das einzelne Gebäude. Zudem kritisieren die Europäer das Hochhaus als Produkt des Kapitalismus in seiner schlimmsten Form, nämlich als die maximale Ausnutzung zum Nachteil des Stadtraumes. Und doch: wenige Architekten können sich seiner Faszination entziehen.

Und nicht nur Architekten waren zu Beginn des 20. Jahrhunderts von diesem Gebäudetypus fasziniert. Franz Kafka schrieb 1920: „Das wesentliche des ganzen Unternehmens ist der Gedanke, einen bis in den Himmel reichenden Turm zu bauen. Neben diesem Gedanken ist alles andere nebensächlich. Der Gedanke, einmal in seiner Größe erfasst, kann nicht mehr verschwinden; solange es Menschen gibt, wird auch der starke Wunsch da sein, den Turm zu Ende zu bauen." [61] Und Theodor Adorno umschrieb das Hochhaus als „das schlanke, dunstige Zeichen, welches das unverwüstliche Babylon in den Himmel der Moderne streckt."[62] Beides, Wunsch und Furcht zugleich scheinen aus diesem Zitat mitzuschwingen: der Wunsch, etwas Großes zu schaffen und die Furcht vor der Bestrafung, welche die biblische Erzählung über den Turmbau zu Babel voraussagt, sind hier gespiegelt. Das Thema ist größtenteils aus seiner Phase des einzelnen Turms herausgewachsen und europäische Kritiker müssen feststellen, dass auch einige europäische Städte eine neue Form angenommen haben, die in vielen Bereichen der Welt typisch geworden ist.

Für viele Europäer heißen die Hochhausstädte Dubai, Bejing, Toronto oder Panama, aber nicht London, die Stadt, die im Jahr 47 von den Römern gegründet wurde oder Paris, dessen Entwicklung im 3. Jahrhundert vor Christus begann. Auch diese Städte werden heute von Hochhäusern dominiert. Auch diesen Städten fehlen immer mehr öffentliche Räume, die als Aufenthaltsräume verstanden werden können. Welche moderne Hochhausstadt kann mit ihren öffentlichen Stadträumen prahlen? Das, was Stadtgestalter des 19. Jahrhunderts zur obersten Maxime erhoben hatten, nämlich dass alle wichtigen Funktionen sichtbar in den Stadtraum hineinwirken und den Stadtraum gleich mitgestalten sollten, ist in einer Hochhausstadt nicht mehr zu erkennen. In der Hochhausstadt von London heißen die hervorstechendsten Bauten nicht mehr Rathaus oder Theater oder Museum, sie sind unter den albernen Populärnamen wie *die Gurke*, *die Käsereibe* oder *das WalkyTalky* bekannt. Wie auch immer wir zu Hoch-

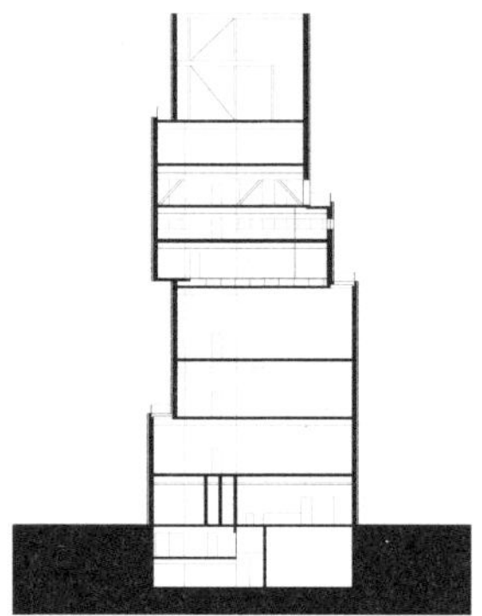

108 New Museum of Contemporary Art, New York 2003–2007, SANAA

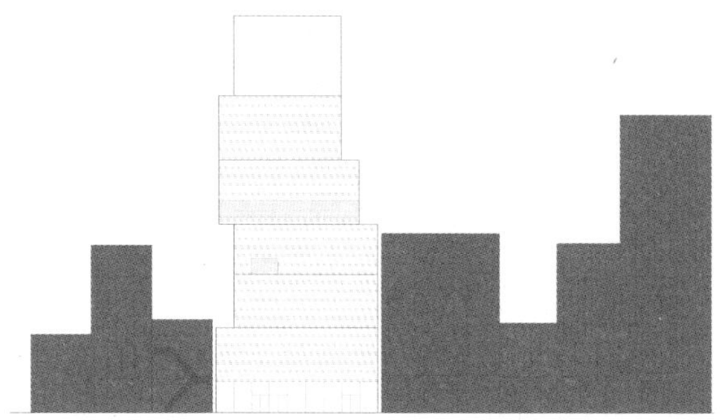

109 New Museum of Contemporary Art, New York 2003–2007, SANAA

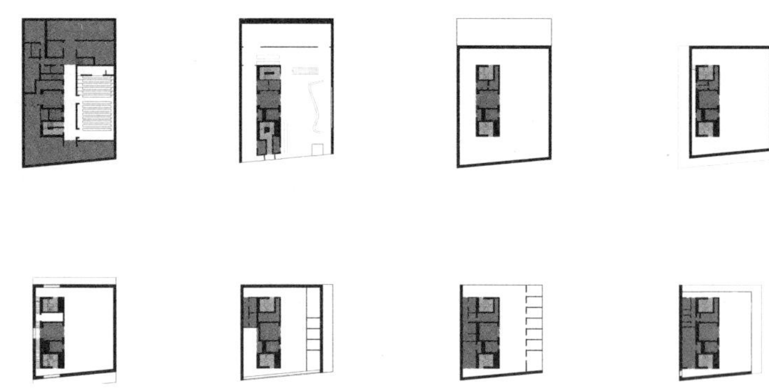

110 New Museum of Contemporary Art, New York 2003–2007, SANAA

häusern stehen, wir können uns diesem Thema nicht wirklich verweigern. Hochhäuser bilden auch in Europa mittlerweile einen ernstzunehmenden Kontext, dem wir nicht aus dem Weg gehen können. Deshalb wird es wichtig sein zu erkunden, wo die Probleme und die Möglichkeiten für öffentliche Funktionen in Hochhäusern zu lokalisieren sind.

Am Beispiel des Museums lassen sich drei Probleme ausmachen: die ersten beiden sind praktischer Art, und sie haben etwas mit dem Rundgang zu tun und mit der Beleuchtung. Wie zum Beispiel schafft man eine zwanglose Verbindung von einem zum anderen Geschoss? Wie organisiert man die vertikalen Verbindungen, ohne den Besucher immer wieder aus dem Zusammenhang der Ausstellung und dem Fluss des Rundgangs herauszureißen? Hier bietet das Guggenheim Museum eine bemerkenswerte Lösung, die jedoch aus schon genannten Gründen kein Vorbild für andere Museen werden konnte. Auch Frank Lloyd Wrights Oberlichtlösung ist geschickt, da alle Ausstellungsflächen im großen Raum von dem zentralen Oberlicht profitieren. Das dritte Problem betrifft den Ausdruck, bei dem Wright es abermals schafft, dem Museumsgebäude den Ausdruck eines öffentlichen Gebäudes zu geben. Auch das Kunsthaus Bregenz von Peter Zumthor gibt eine richtungsweisende Antwort darauf, wie natürliches Licht mittels Oberlichter in jedem Geschoss möglich ist. Wie steht es jedoch mit der öffentlichen Präsenz? Wie hat er erreicht, dass das Gebäude Öffentlichkeit ausstrahlt, obwohl es von außen nur einen kleinen Eingang zeigt und die opake Glasfassade, außer einer Treppe, nichts von einer öffentlichen Nutzung preisgibt. Die Antwort kann nur analog zu Märklis Museum für Hans Josephsons Kunstwerke lauten, dass die auffällige Untertreibung den Betrachter zum genauen Hinsehen zwingt.

Auch das Kunstmuseum für Zeitgenössische Kunst, New York, 2003 – 2007 von SANAA **(Abb. 108 bis 110)** zeigt eine überzeugende Lösung für die Oberlichter. Die Geschosse sind nicht nur aus einem gestalterischen Effekt heraus gegeneinander verschoben, sondern *auch* aus einem praktischen Grund, nämlich um Oberlichter auf mehreren Geschossen zu ermöglichen. Einen ähnlichen Ansatz findet man in einem Entwurf für das Perm Museum von Valerio Olgiati **(Abb. 111 und 112)**.

Das Hochhaus als öffentliches Gebäude stellt nicht nur eine besondere Herausforderung für den inneren Ablauf der öffentlichen Nutzungen dar. Die Hochhausstadt wird eine radikal andere sein als jene, die ihre öffent-

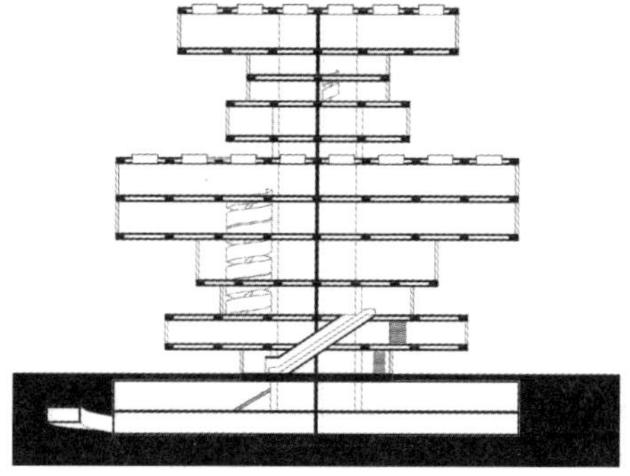

111 Perm Museum XXI, Perm Russland 2008, Valerio Olgiati

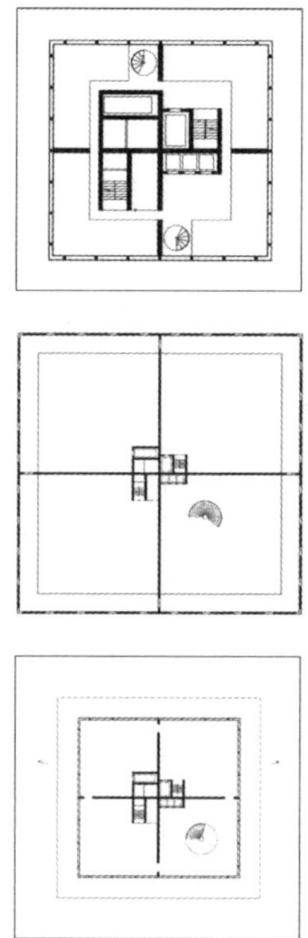

112 Perm Museum XXI, Perm Russland 2008, Valerio Olgiati

lichen Bauten erkennbar als öffentliche Bauten gestalten konnte, wie das im 19. Jahrhundert und im 20. Jahrhundert geschah. Wenn sich unsere öffentlichen Institutionen vorwiegend in Hochhäusern befinden, verlieren sie ihren öffentlichen Ausdruck.

Montgomery Schuyler, ein amerikanischer Journalist, schrieb am Ende des 19. Jahrhunderts, dass es in Chicago nur zwei Bautypen gebe: das Hochhaus und das Wohnhaus, man sehe weder Kirchen noch öffentliche Bauten[63]. Schuyler schrieb dies über die Stadt Chicago in den 1890ern mit einem sehnsüchtigen Blick auf die europäische Stadt, deren Stadtbild sich erst 100 Jahre früher gewandelt hatte, als die Aufklärung und die Französische Revolution die wichtigen öffentlichen Gebäude wieder zurückgeholt hatte, Bauten, die der Stadt seit der Antike fehlten. Heute, etwas mehr als 100 Jahre nach Schuylers Bemerkungen, sind wir keineswegs mehr von Städten beeindruckt, deren Ausdruck sich auf Hochhäuser und Wohnhäuser beschränken. Wie aber erkennen wir unsere zukünftigen öffentlichen Institutionen, sobald sie von einem Bautyp vereinnahmt werden, der üblicherweise mit Büro- und Wohnraum in Verbindung gebracht wird? Eine Antwort finden wir bestimmt nicht dort, wo man das Hochhaus zu emanzipieren versucht, in dem man ihm eine persönliche Idee von Originalität oder das Logo eines Konzerns aufzwingt. Auch die Protagonisten dieser Vorgehensweisen dürfte es überraschen, dass in nicht zu ferner Zukunft wieder mehr über das Fehlen der öffentlichen Bauten im Stadtbild gesprochen werden kann als über ihre architektonische Präsenz.

14 ZWEI RAUMKONZEPTE MACHEN SICH WIEDER BEMERKBAR

Diese Museumsgeschichte kann kein letztes Kapitel haben, da die Geschichte ständig und rasant fortgeschrieben wird. In den ersten Jahren des 21. Jahrhunderts entstehen sehr viele bemerkenswerte Museumsentwürfe, und es würde sich lohnen, einige davon näher zu analysieren. Wenn ich mit zwei Entwürfen ende, dann weil sie ein Thema dieser weitgespannten Geschichte des architektonischen Raumes besonders deutlich stützen. Es handelt sich um die Entwürfe zweier Büros, die man der vierten Generation zuordnen kann, jener, die den Generationenkonflikt scheinbar völlig ignoriert.

Das erste Beispiel ist das Toledo Museum of Art in Ohio, entworfen vom japanischen Architekturbüro SANAA **(Abb. 113 bis 115)**. Der Entwurf geht sehr spielerisch und beneidenswert unbekümmert mit Raum- und Bauformen um. Als ob wir wieder am Anfang der Moderne stünden, als ob alles wieder offen sei, als könnten wir die Welt als Architekten wieder neu erfinden – geradeso wie sich das die erste Generation vorgestellt hatte. Dieses Museum hat alle Merkmale eines Gebäudes der frühen Moderne: sein Kontext ist der Park, der Grundriss folgt den Prinzipien des offenen Raumes. Die Architekten berichten, dass sie mit einem Raster angefangen haben, und dass die Ausformulierung der einzelnen Räume etwas mit dem Programm, also der Funktion zu tun hat. Das ist alles von den Architekten vorbildlich dokumentiert und in mehreren Diagrammen festgehalten.[64]

Diagramm 1

> „Mitten in einen Park fügen wir ein modulares Raster ein. Einheitliche Räume, die auf einem einheitlichen Raster aufgebaut sind, haben keine diagonalen Bezüge. Wo dies notwendig wird, werden die Ecken abgerundet."

113 Toledo Museum, Ohio 2006, SANAA

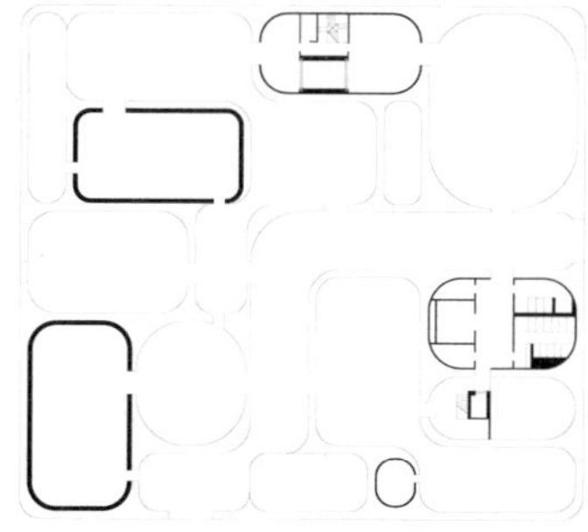

114 Toledo Museum, Ohio 2006, SANAA

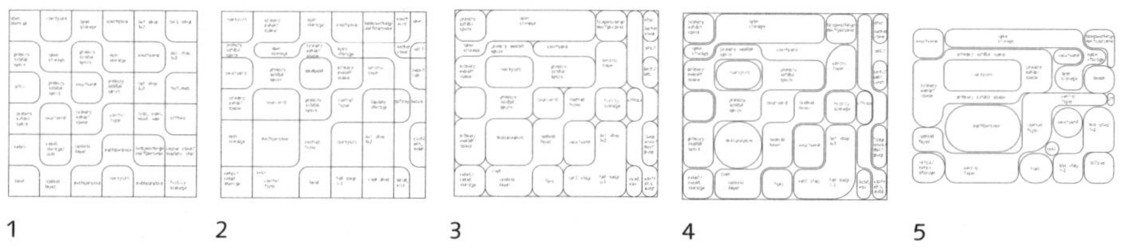

115 Toledo Museum, Ohio 2006, SANAA, Diagramme 1–5

Diagramm 2

„Um dem Raumprogramm gerecht zu werden, verändern wir das Raster. Es besteht jetzt nicht mehr aus einem Netz, das quadratische, sondern rechteckige Felder bildet. Die abgerundeten Ecken gefallen uns und da wo sie noch rechteckig sind finden wir sie unangenehm."

Diagramm 3

„Jetzt haben alle Räume abgerundete Ecken, so werden die einzelnen Räume eigenständiger."

Diagramm 4

„Damit sie noch eigenständiger werden, geben wir jedem Raum seine eigene Wand."

Diagramm 5

„Wir nutzen den Raum zwischen den Wänden als Zwischenzone."

Damit ist eine Vorgehensweise beschrieben, die sehr stark an die frühe Moderne erinnert. Fast ist es so, als hätte der Rationalist Mies van der Rohe sich mit dem Protagonisten der organischen Architektur, Hugo Häring, zusammengerauft, um gemeinschaftlich dieses Gebäude zu entwerfen. Mies hat mit dem Raster und der Idee des schwebenden Dachs begonnen und Hugo Häring hat das Raster verformt und jeder Funktion eine eigene Kapsel gegeben. Eine zu große Formenvielfalt hat Mies ihm dabei allerdings nicht erlaubt. Mies scheint auch darauf bestanden zu haben, dass die Außenform möglichst einfach bleibt. Die Wände hatten überwiegend aus Glas zu sein, wie auch die Innenwände. Und siehe da, es ist etwas entstanden, das Mies nicht vorausgesehen hatte, und jetzt heben die Spiegelungen im Glas den Gegensatz zwischen Innen und Außen völlig auf. Für diese Museumsgeschichte ist diese Arbeit von Wert, weil sie *eine* Kernthese unterstützt: dass nämlich die Entwicklung der Moderne sich ständig in einem Spannungsfeld zwischen dem offenen und dem gefassten Raum befindet – und dies gilt immer noch. Für solche Experimente scheint sich das Museum besonders gut zu eignen.

Ein Museumsentwurf von der Architektengruppe Monadnock kann man ebenfalls der vierten Generation zuordnen **(Abb. 116 bis 118)**. Sie sind jünger als Kazuyo Sejima und Ryue Nishizawa (SANAA), aber dieser Entwurf ist nicht viel jünger als das Toledo Museum. Obwohl es sich nicht um den Entwurf eines Kunstmuseums handelt, so könnte es sehr wohl eines sein. Hier steht die Funktion weniger im Vordergrund als die Aussage über ein Raumkonzept, das auch die zweite Generation wiederentdeckt hatte. Der Entwurf von Monadnock hätte auch ein Entwurf von Oswald Mathias Ungers oder von Aldo Rossi sein können, also ein Entwurf der zweiten Generation. Hier kommen die Bemühungen einer älteren Generation wieder zum Vorschein, die zeitweise verblasst waren.

Der Erläuterungstext spricht von einem Prototyp für ein Museum, das noch keine genaue Ausstellung, noch keinen Auftraggeber und auch noch keinen genauen Ort hat. Gegenstand des Entwurfs ist vorrangig ein öffentlicher Ort, der soziale Kontakte fördern soll. Im Zentrum findet man konsequenterweise ein Atrium, das sich über die äußeren Schichten der Gebäudestruktur auf den Stadtraum öffnet. Da die Architekten unkommentiert einen Ausschnitt aus dem Nolli Plan zeigen, müssen wir fragen, was damit gesagt sein soll. Man kann wohl annehmen, dass Monadnock diesen städtischen Kontext bevorzugen. SANAAs Entwürfe platzieren das Gebäude häufig in eine Parklandschaft, und sie ziehen den offenen Raum dem gefassten Raum vor. Monadnock hat eine andere Vorstellung von einer Stadt. Sie gehören zu den Architekten, die wieder die Vorteile des gefassten Raumes ausloten. Für sie ist der Nolli Plan vorrangig ein geistiger Kontext und weniger der physische Kontext, auf den sich der Nolli Plan bezieht. Er verkörpert eine Idee, auf die sich auch Architekten der zweiten Generation immer wieder bezogen haben.

Dieser Entwurf für ein Museum entsteht als Forschungsarbeit ohne Auftraggeber und ohne besondere Ausstellung. Die Architekten beabsichtigen, das Potential der Zugänglichkeit auszuloten. Der Grundriss bietet mehrere Raumgrößen für unterschiedliche Ausstellungsgegenstände, die durch unendlich viele Enfiladen verbunden sind. Die durchlässige Struktur ermöglicht ein nie endendes Herumwandeln mit unendlichen Möglichkeiten. Auf der Homepage der Architekten kann man lesen, dass sie sich darüber Gedanken gemacht haben, wie man einen öffentlichen Raum gestaltet, in dem man keine harten Grenzen zwischen den musealen und den städtischen Räumen aufbaut.[65]

116 Museum (Forschungsprojekt), Niederlande 2011, Monadnock

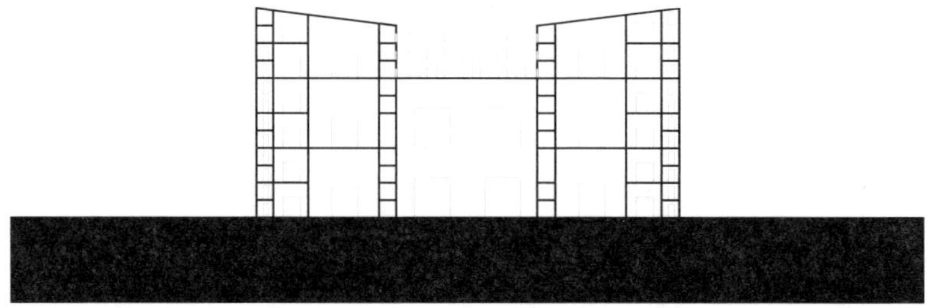

117 Museum (Forschungsprojekt), Niederlande 2011, Monadnock

118 Museum (Forschungsprojekt), Niederlande 2011, Monadnock

Es gibt Stimmen, die sagen, dass maximale Öffentlichkeit durch maximale physische Transparenz erzeugt wird. Daraus könnte man schließen, dass das Toledo Museum von SANAA genau die Art von Öffentlichkeit erzeugt, die ein Museum braucht. Es gibt aber auch die Vorstellung, dass man feste Strukturen und feste Konturen braucht, um eine Beziehung zwischen den öffentlichen und den eher privateren Räumen herstellen zu können, so wie es der Entwurf von Monadnock suggeriert.

ZUM SCHLUSS

Reflexionen über architektonische Raumkonzepte lassen sich bestimmt nicht nur auf den gefassten und den fließenden Raum beschränken. Mehrere wiederkehrende konfrontative Auseinandersetzungen begleiten zumindest die moderne Architektur der letzten 100 Jahre: „Kunst contra Gebrauch, Vision contra Pragmatismus, Ästhetik contra soziale Verantwortung und Erneuerung contra Erhaltung. Letztendlich liefern diese unausweichlichen Konflikte eine wesentliche und auch produktive Spannung in der Architektur."[66] Die Auseinandersetzung um die Raumkonzepte gehören zu den produktivsten unserer Disziplin überhaupt.

Viele Kunstmuseen habe ich nicht besprochen, auf die man hätte eingehen können. Viele von ihnen hätte ich vielleicht sogar zeigen *müssen*, zum Beispiel das Museum von John Soane in London aus dem 19. Jahrhundert. Beispiele aus dem Werk der Architekten Caruso St John, David Chipperfield, Kühn Malvezzi, Frank Gehry und Aires Mateus und noch vielen anderen Büros sollten eigentlich nicht fehlen, denn einige leisten wichtige Beiträge. Alvaro Siza hat noch einige Museen gebaut, die hier nicht vorgekommen sind.

Es ist unbestreitbar, dass die vorliegende Auswahl ein wenig voreingenommen, wahrscheinlich sogar subjektiv wirkt. Bevorzugt habe ich solche Museen, die ich besucht habe, und, das sei hier nicht verschwiegen, die mir gefallen haben. Während der Niederlegung dieser Abhandlung hat es eine Reihe interessanter Museumswettbewerbe gegeben – auch auf diese Entwürfe hätte ich eingehen können. Diese Geschichte hatte jedoch nicht das Ziel, möglichst alles zu sagen – dies wäre wohl auch, ehrlich gesagt, nicht zu leisten und vielleicht sind Leser und Leserin erleichtert, dass ich es nicht versucht habe.

ENDNOTEN

1 Berlin, Isaiah: The Hedgehog and the Fox, an Essay on Tolstoy's View on History. Chicago 1993, S. 11: "It seems to have arisen not from interest in the past as such, but from the desire to penetrate to first causes, to understand how and why things happen as they do and not otherwise [...]". Übersetzung von mir K.-H. S.

2 Jochum, Uwe: Geschichte der abendländischen Bibliotheken. Darmstadt 2010, S. 14

3 Vgl. Pomian, Krzystof: Der Ursprung des Museums. Vom Sammeln. Berlin 1998.

4 Die Argumentation folgt hier der Rundfunksendung "In Our Time: Culture" (Redaktion: Melvyn Bragg. Sachverständiger Gesprächspartner: Andrew George) "The Library of Nineveh". BBC, London, 15. Mai 2008 (Künftig zitiert als: In Our Time).

5 In Our Time: "The Library of Alexandria". (Sachverständige Gesprächspartner: Prof. Simon Goldhill, Mathew Nichols, Serafino Cuomo). BBC London, 12. März 2009

6 https://www.bibelwissenschaft.de/wibilex/das-bibellexikon/lexikon/sachwort/anzeigen/details/jerusalem-himmlisches-at/ch/a397787099ea-4ded149cec0d86b3d9bc/ [ermittelt Januar 2019]

7 Canfora, Luciano: Die verschwundene Bibliothek. Berlin 1988, S. 103

8 Panofsky, Erwin: Gotische Architektur und Scholastik. Köln 1989, S. 32

9 Ebda. S. 33

10 Pevsner, Nikolaus: Funktion und Form. Die Geschichte der Bauwerke des Westens, Museen. Hamburg 1998, S. 111

11 https://de.wikipedia.org/w/index.php?title=Humanismus&oldid=185582110

12 Pevsner a. a. O. S. 111

13 https://de.wikipedia.org/w/index.php?title=Vatikanische_Museen&oldid=181818159

14 https://de.wikipedia.org/w/index.php?title=Wunderkammer&oldid=183997171

15 Bredekamp, Horst und Schuster, Peter-Klaus [Hrsg.]: Das Humboldt Forum. Die Wiedergewinnung der Idee. Berlin 2016

16 Pevsner a. a. O. S. 112

17 Foucault, Michel: Aisthesis. Andere Räume. Leipzig 1990, S. 34

18 Pevsner a. a. O. S. 116

19 https://de.wikipedia.org/w/index.php?title=Salonh%C3%A4ngung&oldid=167896078

20 Forssmann, Erik: Karl Friedrich Schinkel. Bauwerke und Baugedanken. München, Zürich 1981, S. 111–114

21 te Heesen, Anke: Theorien des Museums. Hamburg 2013, S.58

22 Bredekamp, Horst: Das Humboldt Forum. Berlin 2016, S. 106

23 Forssmann, Erik: Karl Friedrich Schinkel. Bauwerke und Baugedanken. München, Zürich 1981, S. 118

24 Schuster, Peter-Klaus: Die Museumsinsel – Masterpläne für die Kunst. In: Museumsinsel Berlin. Hrsg. Peter-Klaus Schuster und Crisina Inês Steingräber. Berlin und Köln 2004, S. 30

25 Schuster, Peter-Klaus: Zur Entstehung des Humboldtforums. In: Das Humboldt Forum. Die Wiedergewinnung einer Idee. Hrsg. Horst Bredekamp

und Peter-Klaus Schuster Berlin und Köln 2016, S. 51

26 Bredekamp, Horst: Das Schloss und die Universität: Eine nicht endende Beziehung. In: Das Humboldt Forum. Die Wiedergewinnung einer Idee. Hrsg. Horst Bredekamp und Peter-Klaus Schuster, Berlin und Köln 2016, S. 106

27 Schuster, Peter-Klaus: Die Museumsinsel – Masterpläne für die Kunst. In: Museumsinsel Berlin. Hrsg. Peter-Klaus Schuster und Cristina Inês Steingräber. Berlin, Köln 2004. S. 39

28 Ebda.

29 Schuster, Peter-Klaus: Die Museumsinsel. A. a. O. S. 42

30 Heissenbüttel, Helmut: Max Frisch oder die Kunst des Schreibens in dieser Zeit. In: Thomas Beckermann: Über Max Frisch. Frankfurt 1972, S. 54

31 Zitiert nach Arnheim, Rudolf: Die Dynamik der architektonischen Form. Köln 1980

32 Scully, Vincent: Louis I. Kahn and the Ruins of Rome. Podcast der Yale University, 06.08.2007

33 Venturi, Robert: Komplexität und Widerspruch in der Architektur. [Hrsg. von Heinrich Klotz, Vorwort von Vincent Scully] Braunschweig 1978.

34 Venturi, Robert: A. a. O. S. 9

35 Klotz, Heinrich [Hrsg]: O. M. Ungers 1951–1984. Bauten und Projekte. (=Schriften des deutschen Architekturmuseums zur Architekturgeschichte und Architekturtheorie). Braunschweig, Wiesbaden 1985. S. 16

36 http://de.wikipedia.org/wiki/Assemblage

37 Ungers, Oswald Mathias: Die Thematisierung der Architektur. Stuttgart 1983, S. 31

38 Ebda. S. 32

39 Rossi, Aldo: L'architettura della città. Padova 1966. Deutsche Ausgabe unter dem Titel: Die Architektur der Stadt. Skizze zu einer grundlegenden Theorie des Urbanen. Düsseldorf 1973.

40 Frisch, Max: Tagebuch 1946 – 1949. In: Ders.: Gesammelte Werke in zeitlicher Folge. 2. Band. Frankfurt am Main 1986, S. 401–402

41 Frisch, Max: Tagebuch a. a. O. S. 399

42 Ebda.

43 Ungers, Oswald Mathias: Die Thematisierung der Architektur. Stuttgart 1983, S. 57

44 Judd, Donald in: Museum Architecture. Texts and Projects by Artists. Köln 2000, S. 51

45 Lüpertz, Markus in: Museum Architecture. Texts and Projects by Artists. Köln 2000, S. 65

46 Diener, Roger: Denkmalpflege und Architektur. In: DAM Jahrbuch. Frankfurt 1996, S. 12

47 Diener, Roger a. a. O., S. 10

48 Grassi, Giorgio: Ausgewählte Schriften 1970 – 1999. Luzern 2001, S.207

49 Bernau, Nikolaus: Die verschmähte Baukunst des Rationalismus. In: Tagesspiegel vom 22.04.1998

50 DAIDALOS 68/1998, Interview mit Miroslav Šik, S. 102

51 Šik, Miroslav: Altneu. Luzern 2000

52 Zaugg, Rémy: Vom Bild zur Welt. Einen öffentlichen Ort für das Kunstwerk errichten. Köln 1993, S. 61

53 Smithson, Alison und Peter: Italienische Gedanken. Beobachtungen und Reflektionen zur Architektur. Hrsg. v. Hermann Koch und Karl Unglaub. Braunschweig, Wiesbaden 1996. S. 116

54 Diese allgemeine Empfehlung konnte man in mehreren unveröffentlichten Vorträgen von András Palffy immer wieder hören.

55 Venturi, Robert u. a.: Lernen von Las Vegas – Zur Ikonographie und Architektursymbolik der Geschäftsstadt. Braunschweig, Wiesbaden 1979, S. 16.

56 Ebda. S. 8

57 Rasmussen, Steen Eiler: Experiencing Architecture. Cambridge 1964, S. 194

58 Zaugg, Rémy: Vom Bild zur Welt. Rede an die Stadt. Köln 1993, S. 204

59 Judd, Donald: Projekt Marfa. A. a. O. S. 51

60 Grasskamp, Walter: Das Kunstmuseum. Eine erfolgreiche Fehlkonstruktion. München 2016, S. 32

61 Kafka, Franz: Sämtliche Erzählungen. Herausgegeben von Paul Raabe. Frankfurt am Main, Hamburg 1970

62 Adorno, Theodor W.: Gesammelte Schriften. Band 10: Kulturkritik und Gesellschaft I/II

63 Schuyler, Montgomery: A Critique of the Works of Adler and Sullivan. In: Architectural Record 1895

64 SANAA – Sejima, Kazuyo und Nishizawa, Ryue: El croquis 139. Madrid 2007, S. 81 – 101

65 http://monadnock.nl/selectie-projecten/nhm/info

66 Huxtable, Ada Louise: On Architecture. Collected Reflections on a Century of Change, Part II. *The Nineties*: The new Architecture. New York 2008

ABBILDUNGSNACHWEIS

1 Staatliches Museum zu Berlin/Foto Schneider, Volker H. in Bartsch, Tatjana: Maarten van Heemskerck, Römische Studien zwischen Sachlichkeit und Imagination. München 2019, S.236
2 Archiv des Autors
3 Archiv des Autors
4 Universitätsbibliothek Erlangen-Nürnberg, 2 TREW.D 487
5 Archiv des Autors
6 Archiv des Autors
7 Brix, Michael: Der Barocke Garten Magie und Ursprung André Le Notre in Vaux Le Vicomte. Stuttgart 2004, S. 57
8 Archiv des Autor
9 Archiv des Autors
10 Archiv des Autors
11 Archiv des Autors
12 Archiv des Autors
13 Archiv des Autors
14 Archiv des Autors
15 Schuster, Peter-Klaus: Die Museumsinsel – Masterpläne für die Kunst. In: Museumsinsel Berlin. Hrsg. Peter-Klaus Schuster und Crisina Inês Steingräber. Berlin und Köln 2004, S. 30
16 Schuster, Peter-Klaus: Die Museumsinsel – Masterpläne für die Kunst. In: Museumsinsel Berlin. Hrsg. Peter-Klaus Schuster und Crisina Inês Steingräber. Berlin und Köln 2004, S. 32
17 Archiv des Autors
18 Archiv des Autors
19 Das neue Museum in Berlin. (Mappenwerk mit 24 Tafeln) Ernst & Korn, Berlin 1862
20 Schuster, Peter-Klaus: Die Museumsinsel – Masterpläne für die Kunst. In: Museumsinsel Berlin. Hrsg. Peter-Klaus Schuster und Crisina Inês Steingräber. Berlin und Köln 2004, S. 40
21 Berlin und seine Kunstschätze, Leipzig und Dresden, ca. 1850
22 Archiv des Autors
23 Archiv des Autors
24 Archiv des Autors
25 Archiv des Autors
26 Jovanovic-Kruspel, Stefanie: Das Naturhistorische Museum – Baugeschichte, Konzeption & Architektur. Wien 2014, S. 59
27 Archiv des Autors
28 Nerdinger, Winfried und Oechslin, Werner: Gottfried Semper 1803–1879 Architektur und Wissenschaft. Raschka, Robert: Die Eröffnung des Kunsthistorischen Museums, 1891. München 2003, S. 455
29 Le Corbusier und PieLe Corbusier/ Jeanneret, Pierre: Oeuvre complète, Volume 7, 1957–65, Zürich 1991, S. 166 und 167
30 Biermann, Alfons W. und Kleihues, Josef P. (Hrsg.): Dortmunder Architekturausstellung 1979, Dortmunder Architekturhefte Nr. 15. Dortmund 1979, S. ON–2
31 Archiv des Autors
32 Archiv des Autors
33 Hans Scharoun, Schriftenreihe der Akademie der Künste, Band 10. Pfankuch, Peter Hrsg. Berlin 1993, S. 338
34 Archiv des Autors
35 Archiv des Autors
36 Philipp Fölting
37 Archiv des Autors
38 Archiv des Autors
39 Inga Krumme

40 Archiv des Autors
41 Archiv des Autors
42 Archiv des Autors
43 Gössel, Peter und Leuthäuser, Gabriele, Foto Antonio Martinelli: Architektur des 20. Jahrhunderts. Köln 1994, S. 324
44 Archiv des Autors
45 Archiv des Autors
46 Archiv des Autors
47 Archiv des Autors
48 Archiv des Autors
49 Archiv des Autors
50 Archiv des Autors
51 de Insausti Machinandiarena, Pilar: Giorgio Grassi Obras y proyectos 1962–1993, Valencia 1994, S. 86
52 Archiv des Autors
53 Kalle Södermann
54 Murphy, Richard, Foto; Guthrie, Peter: Carlo Scarpa and Castelveccio Revisited, Edinburgh 2017
55 Archiv des Autors
56 Archiv des Autors
57 Archiv des Autors
58 Rodiek, Thorsten, Foto Waltraud Krase: James Stirling. Die Neue Staatsgalerie Stuttgart. Stuttgart 1984, S. 100
59 Rodiek, Thorsten, Foto; Krase, Waltraud: James Stirling. Die Neue Staatsgalerie Stuttgart, Stuttgart 1984, S. 86
60 Archiv des Autors
61 Archiv des Autors
62 Archiv des Autors
63 Lampugnani, Vittorio Magnano: Die Stadt im 20. Jahrhundert, Visionen, Entwürfe, Gebautes, Band I. Berlin 2010, S. 382
64 Lampugnani, Vittorio Magnano: Architektur und Städtebau des 20. Jahrhunderts. Stuttgart 1980, S. 223
65 Diamond, Rosamund und Wang, Winfried: From City to Detail Selected Buildings and Projects by Diener & Diener Architekten. Berlin 1992, S. 64
66 Kathrin Plescher
67 Archiv des Autors
68 Architekturzentrum Wien, Sammlung, Foto: Margherita Spiluttini
69 Architekturzentrum Wien, Sammlung, Foto: Margherita Spiluttini
70 Archiv des Autors
71 Zumthor, Peter, Foto Hélène Binet: Kunsthaus Bregenz, Stuttgart 1997, S. 93
72 Archiv des Autors
73 Archiv des Autors
74 Architekturzentrum Wien, Sammlung, Foto: Margherita Spiluttini
75 Architekturzentrum Wien, Sammlung, Foto: Margherita Spiluttini
76 Archiv des Autors
77 Frampton, Kenneth: Alvaro Siza Das Gesamtwerk, Mailand 1999, S. 341
78 Frampton, Kenneth: Alvaro Siza Das Gesamtwerk, Mailand 1999, S. 342
79 Archiv des Autors
80 Architekturzentrum Wien, Sammlung, Foto: Margherita Spiluttini
81 Architekturzentrum Wien, Sammlung, Foto: Margherita Spiluttini
82 Jabornegg, Christian, Pálffy, András: Jabornegg & Pálffy, Sulgen 2009, S. 46
83 Archiv des Autors
84 Archiv des Autors
85 Archiv des Autors
86 Gigon Guyer Architekten Arbeiten 1989 bis 2000, Zürich 2000, S. 13
87 Archiv des Autors
88 Archiv des Autors
89 Heinrich Helfenstein: gta Archiv
90 Heinrich Helfenstein: gta Archiv
91 Archiv des Autors
92 Archiv des Autors
93 Heinrich Helfenstein: gta Archiv
94 Heinrich Helfenstein: gta Archiv
95 Archiv des Autors
96 Archiv des Autors
97 Stockebrand, Marianne: Donald

Judd Architektur, Ostfildern bei Stuttgart, 1992, S. 81

98 Archiv des Autors

99 Archiv des Autors

100 Archiv des Autors

101 Riehle, Tomas: Erwin Heerich auf Hombroich. Tokyo/Neuss, 2014 und Archiv des Autors

102 Riehle, Tomas: Erwin Heerich auf Hombroic., Tokyo/Neuss, 2014 und Archiv des Autors

103 Riehle, Tomas: Erwin Heerich auf Hombroich. Tokyo/Neuss, 2014 und Archiv des Autors

104 Archiv des Autors

105 Archiv des Autors

106 Archiv des Autors

107 Archiv des Autors

108 Archiv des Autors

109 Archiv des Autors

110 Archiv des Autors

111 Archiv des Autors

112 Archiv des Autors

113 Archiv des Autors

114 Archiv des Autors

115 Archiv des Autors

116 Archiv des Autors

117 Archiv des Autors

118 Archiv des Autors

ZUM AUTOR

Prof. Karl-Heinz Schmitz 1949 in Bad Godesberg geboren, wuchs in Kapstadt (Südafrika) auf und schloss 1978 sein Architekturstudium an der University of Cape Town und 1988 an der Technischen Universität Karlsruhe ab. Er arbeitete in den Büros von Haus-Rucker-Co (1980), O. M. Ungers (1981–86) und Karljosef Schattner (1987–93). Von 1993 bis 2015 führte er sein eigenes Architekturbüro (u. a. Studienzentrum der Herzogin-Anna-Amalia-Bibliothek zusammen mit Hilde Barz-Malfatti). Von 1993 bis 2017 war er Professor für Entwerfen und Gebäudelehre an der Bauhaus-Universität Weimar. Er hat mehrere Aufsätze zur Geschichte von Museen, Bibliotheken und Entwurfsthemen in deutscher und englischer Sprache veröffentlicht.